히브리서 (성경, 이해하며 읽기)

Reading in understanding the Bible

히브리서

장석환 지음

성경, 이해하며 읽기
시리즈를 시작하며

성경을 통해 하나님을 만난다.
성경을 통해 하나님과 동행하면 풍성한 삶이 된다.

누구를 만날 때는 인격적인(지·정·의) 만남이 되어야 한다.
그의 생각과 마음을 만나고 힘까지 공유하는 만남이다.
성경에는 하나님의 뜻(지)과 마음(정)과 힘(의)이 담겨 있다.
성경을 잘 읽으면 하나님을 만나게 된다.
눈으로 보는 것보다 더 실제적이다.

좋은 사람과 만나 대화를 하면 행복하듯이
말씀으로 하나님을 만나면 행복하다.
성경은 하나님을 만나는 가장 실제적 방법이다.

마음과 의미가 전달되지 않는 대화가 무의미하듯이
성경을 이해하지 않고 읽으면, 성경을 읽는 것이 아니다.
성경을 잘 이해하지 못하면
성경을 통해 하나님을 만나는 것을 모른다.

모든 사람이 성경을 이해하면서 읽기를 소망한다.
평범한 노년의 사람이 쉽게 읽을 수 있는 주석이 되었으면 좋겠다.
말씀으로 고뇌하는 누군가에게 무릎을 치게 하였으면 좋겠다.

이 주석이 하나님을 생생하게 만나는 만남의 장이 되기를 기도한다.
하나님께 영광되기를 기도한다.

목 차

히
브
리
서

저 자

히브리서는 히브리인을 대상으로 하기 때문에 '히브리서'라는 이름을 가지고 있다. 저자는 누구인지 미상이다. 바울, 아볼로, 알렉산드리아의 필로 등이 후보다. 바울이 저자라고 말하기도 하지만 바울의 다른 저작물과 비교할 때 필체와 내용이 많이 다르다. 나는 아볼로라고 생각한다.

그렇게 생각하는 이유는 저자가 바울과 밀접한 관련이 있는 사람으로 보인다. 그리고 구약 성경에 능통한 사람이기 때문이다. 히브리서에는 수많은 성경 인용이 나온다. 그것은 저자가 구약 성경에 매우 능통하였다는 것을 의미한다. 아볼로가 그러했다.

내 용

사람에게 가장 필요한 것이 무엇일까? 구원이다. 예수 그리스도께서는 그것을 위해 일하신다. 지금 어떤 문제를 가지고 있는가? 세상은 각종 전쟁 소식과 자연 재해로 가득하다. 건강이 좋지 못해 병원에 입원한다. 돈이 없어 속상할 때가 많다. 그러한 것에서 건짐을 받는 것을 '구원'이라고 말한다.

교회에서는 그 모든 것을 포함한 근원적인 구원을 말한다. 죄로부터의 구원이다. 사람은 죄로 인해 하나님으로부터 멀어져 모든 아픔과 결핍이 생겼다. 죄로 인해 하나님의 진노가 우리에게 있는데 바로 그것에서의 구원이다. 그러면 모든 면에서 구원이 이루어진다.

히브리서를 '탁월함' '더 나은 것'이라는 주제를 가지고 함께 살펴보겠다. 믿음은 참으로 탁월하다. 믿음을 위해 예수님의 탁월한 사역이 있었다. 믿음으로 사는 것은 가장 탁월한 삶이다. 그래서 히브리서에는 유명한 믿음 장(11장)이 있다.

많은 신앙인이 자신들이 가는 길에 대한 확신이 없다. 초보에 머무르고 때로는 퇴보한다. 반대의 길을 가는 것이다. 믿음은 탁월함을 아는 것이고 탁월한 길을 가는 것이다. 탁월함을 아는 사람은 앞으로 전진한다. 그 탁월함을 두고 멈추어 있으면 안 된다.

믿음으로 사는 것은 하나님의 뜻을 따라 사는 것을 말한다. 그러면 충분하다. 충분히 탁월하다. 지금까지 신앙인으로서 믿음으로 사랑하고 섬긴 삶에 대해 감사하게 생각하라. 그것은 세상의 화려한 어떤 것보다 더 탁월한 길이다.

그 길을 더욱 부지런히 가라. 확신과 소망을 가지고 가라. 탁월한 길을 계속 가야 한다. 지치지 마라. 믿음으로 살면 그것이 가장 탁월한 삶이다. 탁월한 다른 삶은 없다. 오직 믿음으로 사는 삶이 탁월하다.

<성경본문>

1. 한글본문: 대한성서공회. (1998). 성경전서: 개역개정. 대한성서공회.
   "여기에 사용한 '성경전서 개역개정판'의 저작권은 재단법인 대한성서공회 소유이며, 재단법인 대한성서공회의 허락을 받고 사용하였음."

2. 영어본문: GNB(American Bible Society. (1992). The Holy Bible: The Good news Translation (2nd ed.). American Bible Society.)

아들을 통하여
말씀하심

(1:1-4)

> **1** 옛적에 선지자들을 통하여 여러 부분과 여러 모양으로 우리 조상들에게 말씀
> 하신 하나님이
> 1 In the past, God spoke to our ancestors many times and in many ways through the
> prophets,

1:1 선지자들을 통하여...말씀하신 하나님. 하나님께서 세상에 말씀하셨다. 사람들이 어둠 속을 살고 있기 때문에 진리의 길이요 구원의 길을 말씀하여 주셨다. 많은 선지자들을 보내셔서 말씀하셨다. 그 말씀을 듣지 않은 사람은 멸망의 길을 가고 있고, 말씀을 듣고 길을 바꾼 사람은 생명의 길을 가고 있다.

> **2** 이 모든 날 마지막에는 아들을 통하여 우리에게 말씀하셨으니 이 아들을 만
> 유의 상속자로 세우시고 또 그로 말미암아 모든 세계를 지으셨느니라
> **3** 이는 하나님의 영광의 광채시요 그 본체의 형상이시라 그의 능력의 말씀으로
> 만물을 붙드시며 죄를 정결하게 하는 일을 하시고 높은 곳에 계신 지극히 크신
> 이의 우편에 앉으셨느니라
> **4** 그가 천사보다 훨씬 뛰어남은 그들보다 더욱 아름다운 이름을 기업으로 얻으
> 심이니
> 2 but in these last days he has spoken to us through his Son. He is the one through whom
> God created the universe, the one whom God has chosen to possess all things at the end.
> 3 He reflects the brightness of God's glory and is the exact likeness of God's own being,
> sustaining the universe with his powerful word. After achieving forgiveness for human sins,
> he sat down in heaven at the right-hand side of God, the Supreme Power.
> 4 The Son was made greater than the angels, just as the name that God gave him is greater
> than theirs.

1:2 마지막에는 아들을 통하여 우리에게 말씀하셨으니. 마지막으로 아들을 보내셔서 결정적으로 강하게 말씀하셨다. 아들을 통해 무엇을 말씀하셨나? 하나님 나라와 복음이다. 대속과 부활과 구원이다. 하나님께서 그 백성에게 말씀하시는 것을 들어야 한다. 그것을 들어야 구원이 있다. 구원은 '위대한 삶으로의 부르심'이다. 지금 살고 있는 죽음의 삶에서 생명의 삶으로의 초대다. 지금 살고 있는 것보다 훨씬 더 나은 탁월한 삶으로의 초대다. 믿음 안에 담겨 있는 놀라운 변화와 복을 우리는 들어야 한다. '비참한 삶에서 위대한 삶으로의 변화'를 위해 참으로 위대하신 분께서 직접 움직이셨다. **만유의 상속자.** 2-4절에는 예수님의 위대함을 7가지로 묘사한다. 만유의 상속

자, 창조주, 하나님의 영광의 광채, 본체의 형상, 만물을 붙드시는 분, 죄를 정결하게 하는 분, 하나님 우편에 앉으신 분이다. 예수님을 묘사하고 있는 7가지는 하나하나가 숨을 멎게 할 정도로 놀라운 칭호다. 그러한 분이 이 땅에 오셔서 말씀하신 것이다. 우리를 구원에 이르게 하시려고 말씀하셨다. 예수님이 놀라우신 분이라는 것을 생각하면 생각할수록 그 분이 우리에게 말씀하셨다는 사실이 더욱더 놀랍고 놀라운 일이다. 창조주께서 우리의 구원을 위해 말씀하셨다. 그것이 얼마나 중요하면 그렇게 말씀하셨겠는가? 그러니 예수님이 말씀하신 것을 우리는 잘 들어야 한다. 깊이 묵상하고 마음에 새겨야 한다.

예수님께서 직접 말씀하여 주셨다는 것은 다른 한편으로는 그것을 듣지 않는 것의 비참함이 얼마나 큰지를 강력히 말해준다. 지금 믿음없이 살고 있는 모든 사람들은 비참함 가운데 살고 있다. 사람들은 지금 비참함을 잘 모른다. 때로는 사는 것이 지옥같다고 말하는데 실제로는 여전히 비참함을 모른다. 사람의 비참함은 사실 이 땅에서 겪는 정도에 그치지 않는다. 우리는 지금도 비참하지만 조금 더 비참할 때를 생각해야 한다. 나이를 먹어 늙었을 때, 중환자실에서 죽음 직전에 이르렀을 때, 그리고 무엇보다 지옥에서 영원토록 살게 될 때의 비참함을 생각해야 한다. 그 비참함이 참으로 크기 때문에 빨리 그곳에서 빠져 나와야 한다. 기회가 있을 때 빠져 나와야 한다. 오직 아들을 통해 그 비참함에서 빠져 나올 수 있기 때문에 예수님이 오셨고 말씀하셨다는 것을 명심해야 한다.

1부

천사보다 탁월하신 존재

(1:5-2:18)

1. 그리스도의 신성
(1:5-14)

> **5** 하나님께서 어느 때에 천사 중 누구에게 너는 내 아들이라 오늘 내가 너를 낳았다 하셨으며 또 다시 나는 그에게 아버지가 되고 그는 내게 아들이 되리라 하셨느냐
>
> **5** For God never said to any of his angels: "You are my Son; today I have become your Father." Nor did God say about any angel, "I will be his Father, and he will be my Son."

1:5 예수님의 신성을 구약 성경을 인용함으로 설명하였다. 시 2:7 인용이다. **너는 내 아들이라.** 하나님께서 예수님을 '아들'이라 칭하신 것이다. 이 구절은 당시 성경을 아는 사람들에게는 메시야를 가리키는 구절로 유명하였다.

> **6** 또 그가 맏아들을 이끌어 세상에 다시 들어오게 하실 때에 하나님의 모든 천사들은 그에게 경배할지어다 말씀하시며
>
> **6** But when God was about to send his firstborn Son into the world, he said: "All God's angels must worship him."

1:6 맏아들을 이끌어 세상에 다시 들어오게 하실 때에. 이 때가 무엇을 말하는 것인지 3가지 가능성이 있다. 1.성육신 2.승천 3.재림. 이 중에 나는 2번이 제일 가능성이 높다고 생각한다. 1번으로 생각하면 '다시'는 아마 창조하실 때 오신 이후 '다시'를 말하는 것일 거다. 그런데 성육신을 '다시 오신 것'으로 표현하는 것은 이상하다. 성육신 이후에 오시는 '다시'로 생각하는 것이 더 자연스럽다.

재림 때를 '다시'로 생각하는 것은 자연스럽다. 그러나 그것은 완성된 시기이다. 7절의 사역과 어울리지 않는다. 주님이 승천 이후 영으로 다시 오셔서 하나님 나라를 완성해가는 것을 상상하는 것이 자연스럽다. 그렇게 해석하는 것이 7절과도 어울린다. 예수님이 하나님 우편에서 천사들을 사역자로 삼고 계신다.

> **7** 또 천사들에 관하여는 그는 그의 천사들을 바람으로, 그의 사역자들을 불꽃으로 삼으시느니라 하셨으되

8 아들에 관하여는 하나님이여 주의 보좌는 영영하며 주의 나라의 규는 공평한 규이니이다
9 주께서 의를 사랑하시고 불법을 미워하셨으니 그러므로 하나님 곧 주의 하나님이 즐거움의 기름을 주께 부어 주를 동류들보다 뛰어나게 하셨도다 하였고
10 또 주여 태초에 주께서 땅의 기초를 두셨으며 하늘도 주의 손으로 지으신 바라

7 But about the angels God said, "God makes his angels winds, and his servants flames of fire."
8 About the Son, however, God said: "Your kingdom, O God, will last for ever and ever! You rule over your people with justice.
9 You love what is right and hate what is wrong. That is why God, your God, has chosen you and has given you the joy of an honour far greater than he gave to your companions."
10 He also said: "You, Lord, in the beginning created the earth, and with your own hands you made the heavens.

1:10 주여 태초에 주께서 땅의 기초를 두셨으며. 세상을 창조하신 분이라면 여호와 하나님 밖에 누가 있겠는가? 그런데 예수님을 그렇게 표현한다. 삼위일체 하나님으로 함께 천지를 창조하셨기 때문에 가능한 표현이다.

11 그것들은 멸망할 것이나 오직 주는 영존할 것이요 그것들은 다 옷과 같이 낡아지리니

11 They will disappear, but you will remain; they will all wear out like clothes.

1:11 주는 영존할 것이요. 하나님 외에 누가 영존할 수 있겠는가? 그런데 예수님을 그렇게 부른다. 그렇다면 예수님을 하나님으로 선포하고 있는 것이다.

12 의복처럼 갈아입을 것이요 그것들은 옷과 같이 변할 것이나 주는 여전하여 연대가 다함이 없으리라 하였으나
13 어느 때에 천사 중 누구에게 내가 네 원수로 네 발등상이 되게 하기까지 너는 내 우편에 앉아 있으라 하셨느냐
14 모든 천사들은 섬기는 영으로서 구원 받을 상속자들을 위하여 섬기라고 보내심이 아니냐

12 You will fold them up like a coat, and they will be changed like clothes. But you are always the same, and your life never ends."
13 God never said to any of his angels: "Sit here on my right until I put your enemies as a footstool under your feet."
14 What are the angels, then? They are spirits who serve God and are sent by him to help those who are to receive salvation.

1:14 천사들은 섬기는 영으로서 구원 받을 상속자들을 위하여 섬기라고 보내심. 당시 유대인들은 예수님이 천사보다 더 탁월하신 분이라는 사실에 놀랐을텐데 사실 천사는 사람과 비교할 때도 '사람의 구원을 위하여' 일하는 존재다.

사람의 구원이 중요하다. 그것을 위하여 천사가 일한다. 무엇보다 창조주이신 예수님께서 이 땅에 오셔서 모든 일을 하시고 말씀하여 주셨다. 예수님의 신성과 높으심이 드러나면 드러날수록 우리가 우리의 구원을 위해 힘을 다해야 한다는 사실이 더욱 선명해진다. 그렇게 영광스러우신 예수님께서 모든 것을 하셨는데 정작 우리가 그것을 위해 애쓰지 않고 있다면 그것은 참으로 악한 것이다. 다른 무엇보다 더 악한 것이다.

2. 그리스도의 인성
(2:1-18)

2장

1 그러므로 우리는 들은 것에 더욱 유념함으로 우리가 흘러 떠내려가지 않도록 함이 마땅하니라
1 That is why we must hold on all the more firmly to the truths we have heard, so that we will not be carried away.

2:1 들은 것에 더욱 유념함으로. 창조주 되시는 예수님께서 이 땅에 직접 오셔서 말씀하신 복음을 들었으면 그것에 놀라워해야 한다. 그것에 더욱 마음을 기울이고 집중해야 한다. 하나님의 아들께서 직접 오셔서 말씀하셨는데 어찌 우리가 그것에 무관심할 수 있겠는가? **우리가 흘러 떠내려가지 않도록 함이 마땅하니라.** 배가 흘러 엉뚱한 데로 가는 것을 말한다. 우리가 예수님께서 전하신 복음을 깊이 유념하지 않으면 인생의 목적을 잃고 그냥 흘러가게 된다는 말씀이다. 배가 목적지인 항구에 이르지 못하고 흘러가다 난파되는 그림이다.

2 천사들을 통하여 하신 말씀이 견고하게 되어 모든 범죄함과 순종하지 아니함이 공정한 보응을 받았거든
2 The message given to our ancestors by the angels was shown to be true, and all who did not follow it or obey it received the punishment they deserved.

2:2 천사들을 통하여 하신 말씀. 율법을 말하는 것으로 보인다. 선지자들도 하나님께서 보내신 천사들을 통해 말씀을 받는 경우가 많았다. 그리고 유대인들은 모세가 시내산에서 말씀을 받을 때 하나님께서 보내신 천사를 통해 받았다고 생각하였다. 바로 그것에 대한 말씀일 것이다. 말씀을 순종하지 않음으로 인해 사람들은 큰 심판을 받았다. 예루살렘이 무너지기도 하였다.

> **3** 우리가 이같이 큰 구원을 등한히 여기면 어찌 그 보응을 피하리요 이 구원은 처음에 주로 말씀하신 바요 들은 자들이 우리에게 확증한 바니
>
> **3** How, then, shall we escape if we pay no attention to such a great salvation? The Lord himself first announced this salvation, and those who heard him proved to us that it is true.

2:3 이같이 큰 구원을 등한히 여기면 어찌 그 보응을 피하리요. 선지자나 천사를 통해 주신 말씀이 아니라 성자 하나님이신 예수님께서 직접 전해주셨기 때문에 복음은 '큰 구원'이라고 말할 수 있다. 복음을 듣고도 등한히 여기면 그것은 참으로 큰 죄다. 복음은 예수님께서 말씀하셨고 그 이후로 제자들을 통해 확증하셨다. 그것을 결코 가볍게 여겨서는 안 된다.

오늘날에는 믿는다고 말하면서도 복음을 따라 살지 않고 있는 사람들이 있다. 그들은 더 나쁘다. 복음이 우리에게 어떻게 전해진 것을 안다면 결코 그것을 등한히 여길 수 없다. 어찌 그렇게 위대하고 놀라운 구원을 가벼이 여길 수 있겠는가? 그렇게 가벼이 여기다가는 자신이 구원에 이르지 못하고 난파선이 될 것이 뻔한데 말이다.

> **4** 하나님도 표적들과 기사들과 여러 가지 능력과 및 자기의 뜻을 따라 성령이 나누어 주신 것으로써 그들과 함께 증언하셨느니라
>
> **5** 하나님이 우리가 말하는 바 장차 올 세상을 천사들에게 복종하게 하심이 아니니라
>
> **4** At the same time God added his witness to theirs by performing all kinds of miracles and wonders and by distributing the gifts of the Holy Spirit according to his will.
>
> **5** God has not placed the angels as rulers over the new world to come—the world of which we speak.

2:5 장차 올 세상을 천사들에게 복종하게 하심이 아니니라. 장차 올 세상은 천사들이 다스리는 것이 아니라 사람이 다스린다. 사람들은 자신이 천사보다 더 못하다고 생각하는 경향이 있다. 본문은 사람이 천사보다 더 존귀하다고 말한다. 당장 현재를 보면 천사가 능력과 존귀가 비교할 수 없을 정도로 더 월등하지만 실제로는 사람이 월등하다는 것이다.

> **6** 그러나 누구인가가 어디에서 증언하여 이르되 사람이 무엇이기에 주께서 그를 생각하시며 인자가 무엇이기에 주께서 그를 돌보시나이까
>
> **6** Instead, as it is said somewhere in the Scriptures: "What are human beings, O God, that you should think of them; mere human beings, that you should care for them?

2:6 6절-8절은 시편 8:4-6을 인용한다. **누구인가가 어디에서 증언하여 이르되.** 마치 저자가 잘 기억이 안 나는 것처럼 생각하게 하는 번역이지만 실상은 모든 사람이 다 아는 것이라는 의미다. 의역한다면 '다 알다시피'라고 할 수 있다. **사람이 무엇이기에 주께서 그를 생각하시며.** 하나님을 생각하고 사람을 생각하면 창조주 앞에 선 피조물로서 참으로 보잘 것 없다. 그런데 놀라운 것은 창조주께서 '사람'을 생각하신다는 것이다. 사람에게 관심을 많이 가지고 계신다. 매우 놀라운 사실이다. 영광의 하나님께서 관심을 가지고 계시니 사람은 매우 영광스러운 존재다.

> **7** 그를 잠시 동안 천사보다 못하게 하시며 영광과 존귀로 관을 씌우시며
> **7** You made them for a little while lower than the angels; you crowned them with glory and honour,

2:7 잠시 동안 천사보다 못하게 하시며. 사람이 비천한 것은 '잠시'다. 신분이 비천한 것이 아니다. 필요에 의해 잠시 그렇게 되었다. 예수님도 사람이 되셨다. 하나님의 아들께서 사람이 되셨다. 사람이 존귀하지 않으면 어찌 창조주께서 사람이 되셨겠는가? 예수님이 사람이 되셨을 때도 천사보다 못한 비천한 모습으로 이 땅에서 사셨다. 그러나 실제로는 영광스러운 분이다. 그것처럼 이 땅에서 사는 사람도 비천한 모습으로 살고 있지만 실제로는 매우 영광스러운 존재다.

비천하다고 생각하여 비천하게 사는 사람들이 있다. 우리가 얼마나 영광스러운 존재인지를 명심하고 영광스럽게 살아야 한다. 영광스러운 존재에 합당한 영광을 찾아야 한다.

> **8** 만물을 그 발 아래에 복종하게 하셨느니라 하였으니 만물로 그에게 복종하게 하셨은즉 복종하지 않은 것이 하나도 없어야 하겠으나 지금 우리가 만물이 아직 그에게 복종하고 있는 것을 보지 못하고
> **8** and made them rulers over all things." It says that God made them "rulers over all things"; this clearly includes everything. We do not, however, see human beings ruling over all things now.

2:8 만물로 그에게 복종하게 하셨은즉. 시편의 이 구절은 사람에 대한 것이다. '그'는 사람을 의미한다. 오늘 본문에서는 누구를 의미하는지 의견이 나뉜다. 예수님이라 말하는 사람도 있고 사람이라고 말하는 사람도 있다. 나는 시편을 따라 사람이라고 여겨야 한다고 생각한다. 사람이 만물을 복종하게 하는 때가 올 것이다. 단지 지금 복종

하지 않을 뿐이다.

하나님께서 창조하실 때 사람은 만물을 다스리도록 창조되었다. 우리는 결국 창조 때의 그 역할에 맞는 위치에 서게 될 것이다. 지금은 그렇지 못하지만 결국 그렇게 될 것이다.

> **9** 오직 우리가 천사들보다 잠시 동안 못하게 하심을 입은 자 곧 죽음의 고난 받으심으로 말미암아 영광과 존귀로 관을 쓰신 예수를 보니 이를 행하심은 하나님의 은혜로 말미암아 모든 사람을 위하여 죽음을 맛보려 하심이라
> **9** But we do see Jesus, who for a little while was made lower than the angels, so that through God's grace he should die for everyone. We see him now crowned with glory and honour because of the death he suffered.

2:9 죽음의 고난 받으심으로 말미암아 영광과 존귀로 관을 쓰신 예수를 보니. 예수님의 성육신과 죽음의 고난까지도 모두 비천한 것이 아니다. 사람은 참으로 존귀하다. 고난은 사람이 비천하기 때문이 아니다. 예수님의 고난이 비천한 것이 아닌 것처럼 우리가 이 땅에서 겪는 수많은 낮음과 고난의 일들은 우리의 영광을 위해 있는 것이다. 그러니 돈 없다고 비천하게 생각하지 말고 병들어 고난 받는다고 비천해 하지 말아야한다.

> **10** 그러므로 만물이 그를 위하고 또한 그로 말미암은 이가 많은 아들들을 이끌어 영광에 들어가게 하시는 일에 그들의 구원의 창시자를 고난을 통하여 온전하게 하심이 합당하도다
> **10** It was only right that God, who creates and preserves all things, should make Jesus perfect through suffering, in order to bring many children to share his glory. For Jesus is the one who leads them to salvation.

2:10 영광에 들어가게. 사람을 영광스러운 존재로 다시 회복시키시는 것이다. 구원이다. **구원의 창시자.** '구원의 개척자' '구원의 선도자'라는 의미다. **고난.** 예수님의 고난은 사람이 되심이고, 모든 것을 비우고 이 땅에서 사신 것이고, 십자가를 지신 것이다. '엘리 엘리 라마 사박다니'라고 외치심 안에 잘 담겨 있다.

> **11** 거룩하게 하시는 이와 거룩하게 함을 입은 자들이 다 한 근원에서 난지라 그러므로 형제라 부르시기를 부끄러워하지 아니하시고

11 He purifies people from their sins, and both he and those who are made pure all have the same Father. That is why Jesus is not ashamed to call them his family.

2:11 거룩하게 하시는 이와 거룩하게 함을 입은 자들이 다 한 근원에서 난지라. '한 근원'은 '사람'을 의미한다. 하나님의 아들이 사람이 되심으로 일어난 놀라운 일이다. 예수님은 사람이 되심으로 사람에게 '형제라 부르시기를 부끄러워하지 아니하신다'고 말한다. 예수님은 사람이 되셔서 그렇게 낮은 자의 모습으로 사셨어도 그것을 부끄러워하지 않으셨다. 그런데 왜 우리는 돈이 없다고 부끄러워하고, 능력이 없다고 부끄러워하나? 돈이 없고 능력이 없어도 주님이 우리를 영광스럽게 하셨다는 사실에 어깨를 당당히 펴야 한다. 신앙인은 돈이 없는 것이 부끄러운 것이 아니라 어깨를 펴지 않고 사는 것이 부끄러운 것이다. 신앙인은 이미 영광스러운 사람이다.

12 이르시되 내가 주의 이름을 내 형제들에게 선포하고 내가 주를 교회 중에서 찬송하리라 하셨으며
13 또 다시 내가 그를 의지하리라 하시고 또 다시 볼지어다 나와 및 하나님께서 내게 주신 자녀라 하셨으니
14 자녀들은 혈과 육에 속하였으매 그도 또한 같은 모양으로 혈과 육을 함께 지니심은 죽음을 통하여 죽음의 세력을 잡은 자 곧 마귀를 멸하시며
12 He says to God: "I will tell my people what you have done; I will praise you in their meeting."
13 He also says, "I will put my trust in God." And he also says, "Here I am with the children that God has given me."
14 Since the children, as he calls them, are people of flesh and blood, Jesus himself became like them and shared their human nature. He did this so that through his death he might destroy the Devil, who has the power over death,

2:14 자녀들은 혈과 육에 속하였으매 그도 또한 같은 모양으로 혈과 육을 함께 지니심은. 사람의 죄는 사람이 갚아야 한다. 죄가 없는 사람이 죄인의 형벌을 대신 받음으로 죄인의 형벌을 없애기 위해 하나님의 아들이 사람이 되셨다. 그것을 대속이라고 말한다. 대신 치른다는 말이다. 대신 치르셨다. 말은 쉽지만 사실 형언할 수 없는 엄청난 일이 벌어진 것이다. 하나님의 아들이 사람이 되신 것도 놀라운데 어찌 하나님의 아들이 죄인이 되셔서 죽으신다 말인가? 그러나 그렇게 하셨다. 전능하신 분이니 그렇게 하지 않으시고 말씀으로만 하셔도 될 텐데 그렇게 하셨다. 그리고 선언하신다. **죽음의 세력을 잡은 자 곧 마귀를 멸하시며.** '마귀를 멸하신다'는 것은 마귀가 강해서 예수님이 어쩔 수 없이 그렇게 죽으셔야 만 한다는 뜻이 아니다. 마귀가 강해서가 아니

다. 사람들이 마귀의 유혹에 빠져 헤어 나오질 못하니까 예수님이 그렇게 하신 것이다. 힘의 문제가 아니라 사랑의 문제다. 마귀의 힘 때문이 아니라 사람을 사랑하시기 때문이다. '마귀를 멸하시며'라는 말씀을 기억해야 한다. 예수님의 대속으로 우리를 짓누르던 죄가 사라졌다. 죽음은 더이상 죄에 대한 형벌이 아니다. 최소한 우리 신앙인에게 그렇다. 이전에 죽음은 죄에 대한 형벌로서 영원한 지옥으로 가는 문이었으나 이제 신앙인에게 죽음은 부활과 천국으로 이어지는 문이다. 그래서 더이상 '목구멍이 포도청이다'라고 말하지 말아야 한다. 이제는 '진리가 모든 것이다'가 되어야 한다. 이제는 '믿음이 전부다'라고 말해야 한다. 이 땅에서 잘 먹는 것이 천국에 이르게 하는 것이 아니라 믿음이 천국에 이르게 한다. 이제는 오직 믿음을 위해 살아야 한다.

> **15** 또 죽기를 무서워하므로 한평생 매여 종 노릇 하는 모든 자들을 놓아 주려 하심이니
> **16** 이는 확실히 천사들을 붙들어 주려 하심이 아니요 오직 아브라함의 자손을 붙들어 주려 하심이라
> **17** 그러므로 그가 범사에 형제들과 같이 되심이 마땅하도다 이는 하나님의 일에 자비하고 신실한 대제사장이 되어 백성의 죄를 속량하려 하심이라
> **18** 그가 시험을 받아 고난을 당하셨은즉 시험 받는 자들을 능히 도우실 수 있느니라
>
> **15** and in this way set free those who were slaves all their lives because of their fear of death.
> **16** For it is clear that it is not the angels that he helps. Instead, he helps the descendants of Abraham.
> **17** This means that he had to become like his brothers and sisters in every way, in order to be their faithful and merciful High Priest in his service to God, so that the people's sins would be forgiven.
> **18** And now he can help those who are tempted, because he himself was tempted and suffered.

2:15 종 노릇하는 모든 자들을 놓아 주려 하심이니. 예수님이 사람이 되신 것은 우리를 자유하게 하시기 위함이다. 어디에서의 자유일까? **한평생 매여 종 노릇 하는 모든 자.** 사람들이 세상에서 자유인으로 살고 있는 것 같으나 실상은 '매인 종'이다. 무엇에 매여 있을까? '목구멍이 포도청이다'라고 말한다. 먹고 살기 어려워지면 자기도 모르는 순간 죄를 범하게 되어 포도청에 잡혀가게 된다는 말로, 먹고 살기 위해서는 해서는 안 될 범죄 행위까지 한다는 것을 의미한다. 목구멍을 포도청보다 더 무서워하는 것이다.

먹는 것은 인간의 가장 기본적인 필요다. 살기 위해서는 먹어야 한다. 그래서 먹기 위해서는 무엇이든 하는 것이다. 그런데 아무리 살기 위해 발버둥을 쳐도 결국 사람은 다 죽는다. 그곳에 길이 없음을 볼 수 있다. 평생 살기 위해 쩔쩔매다가 결국은 죽는다. 평생 목구멍이 포도청이어서 살기 위해 뭐든 하였는데 결국은 죽는다. 그게 의미 있는 인생이 될 수 있을까? 예수님은 '목구멍이 포도청'인 사람을 자유하게 하기 위해서 사람이 되셨다. 사람의 죽음은 '죄에 대한 형벌'이다. 그러다 보니 죽음을 제일 무서워한다. 그래서 목구멍이 포도청이 되었다. 그런데 사람은 죄인이기 때문에 죄에 대한 형벌로서 죽음을 피할 수 없는 것이다. 여기에 절망이 있다. 그러나 그래서 예수님이 사람이 되셨다. 희망을 주신다.

먹고 사는 것을 두려워하지 말고 믿음대로 살지 못하는 것을 두려워하라. 하나님의 아들이 사람이 되시면서까지 우리를 죽음의 종에서 풀어 주셨는데 스스로 다시 줄을 가져다 자신의 손을 묶고 있지 마라. 먹고 사는 것에 매인 줄을 풀고 점프하라. 진리를 위해 사는 자유인이 되라.

2부

모세보다 탁월하신 인도자

(3:1-4:13)

1. 성육신 앞에 신실하게
(3:1-19)

3장

> **1** 그러므로 함께 하늘의 부르심을 받은 거룩한 형제들아 우리가 믿는 도리의 사도이시며 대제사장이신 예수를 깊이 생각하라
> **1** My Christian brothers and sisters, who also have been called by God! Think of Jesus, whom God sent to be the High Priest of the faith we profess.

3:1 함께 하늘의 부르심을 받은 거룩한 형제들아. 저자는 말씀을 읽는 이들이 모두 성육신의 놀라운 은혜에 참여한 사람이라고 생각하며 말한다. **우리가 믿는 도리의 사도이시며 대제사장이신 예수를 깊이 생각하라.** 하나님의 아들이신 예수님은 사도(하나님의 대사, 하나님의 메신저)가 되어 사람으로 이 땅에 오셨다. 성육신에서 우리는 사람을 구원하고자 하시는 하나님의 놀라운 사랑의 마음을 읽을 수 있다. 예수님은 또한 대제사장이시다. 우리를 하나님께로 이끄시는 분이다. 그래서 우리는 '예수님을 깊이 생각해야' 한다. '깊이 생각하다(헬, 카타노에오)'는 면밀히 살피다, 숙고하다, 관찰하다, 묵상하다 등으로 번역할 수 있다. '백합화를 보라' '공중나는 새를 보라'고 할 때도 같은 단어를 사용하였다. 예수님의 성육신을 어찌 그냥 흘려 들을 수 있을까?

> **2** 그는 자기를 세우신 이에게 신실하시기를 모세가 하나님의 온 집에서 한 것과 같이 하셨으니
> **2** He was faithful to God, who chose him to do this work, just as Moses was faithful in his work in God's house.

3:2 그는 자기를 세우신 이에게 신실하시기를. 예수님은 하나님께서 자신에게 맡기신 일을 신실하게 다 수행하셨다. 성육신이 얼마나 놀라운 일인가? 예수님께서 고난 받으신 것이 얼마나 힘든 일이었는가? 그러나 그 모든 것을 다 신실하게 수행하셨다. 우리가 하나님께서 말씀하신 것을 신실하게 수행하신 예수님을 믿고 있다. 그렇다면 우리도 예수님처럼 신실하게 행동해야 한다. 예수님께서 말씀하신 것을 신실하게 수행

해야 한다. 관계는 신실함으로 만들어진다. 약속을 하고 서로 약속을 지킴으로 관계가 굳건해진다. 모세가 하나님께 그랬다. 예수님께서 하나님 아버지께 그랬다. 그 약속이 어떤 것이라 할지라도, 아무리 힘들어도 신실하게 지켜야 관계가 굳건해진다. 그러기에 우리도 하나님과의 관계를 원한다면 신실해야 한다.

> **3** 그는 모세보다 더욱 영광을 받을 만한 것이 마치 집 지은 자가 그 집보다 더욱 존귀함 같으니라
> **4** 집마다 지은 이가 있으니 만물을 지으신 이는 하나님이시라
> **5** 또한 모세는 장래에 말할 것을 증언하기 위하여 하나님의 온 집에서 종으로서 신실하였고
> **6** 그리스도는 하나님의 집을 맡은 아들로서 그와 같이 하셨으니 우리가 소망의 확신과 자랑을 끝까지 굳게 잡고 있으면 우리는 그의 집이라
> **3** A man who builds a house receives more honour than the house itself. In the same way Jesus is worthy of much greater honour than Moses.
> **4** Every house, of course, is built by someone—and God is the one who has built all things.
> **5** Moses was faithful in God's house as a servant, and he spoke of the things that God would say in the future.
> **6** But Christ is faithful as the Son in charge of God's house. We are his house if we keep up our courage and our confidence in what we hope for.

3:6 예수님은 '하나님의 집을 맡은 아들로서' 신실하셨다. 그리고 우리가 '끝까지 굳게 잡고 있으면' 그의 집이 된다. 하나님께서 거하시는 집이 된다. 백성이 된다. 신실함이 서로를 묶는 끈이다. 성육신이 일어난 이 땅을 살고 있다. 성육신 이후 시대를 살고 있다. 이 놀라운 은혜의 사건이 일어났고 그것을 믿는다고 말하면서도 믿는 그 사실에 신실하지 않는다면 결코 믿는 것이 아니다. 성육신이 참으로 놀라운 것이라면 우리도 더욱더 신실해야 한다.

> **7** 그러므로 성령이 이르신 바와 같이 오늘 너희가 그의 음성을 듣거든
> **7** So then, as the Holy Spirit says: "If you hear God's voice today,

3:7 오늘 너희가 그의 음성을 듣거든. 이것은 아마 당시 예배의 형태를 의미할 것이다. 예배 시간에 말씀을 읽고 청중은 그것을 들었다. 그 듣는 것을 '그의 음성을 듣거든'이라고 말하고 있을 것이다. 오늘날 우리들이 하나님의 말씀을 읽고 들을 때 그것의 의미를 바르게 깨닫는다면 그 순간은 '그의 음성을 듣는 순간'이 된다. 말씀을 읽고

들을 때 의미를 제대로 깨닫기만 한다면 그것은 분명 하나님의 음성이다. 말씀을 읽을 때 죽은 활자를 읽는 것처럼 하지 마라. 그것을 바르게 깨닫기만 한다면 살아 계신 하나님께서 지금 내 앞에서 나에게 말씀하시는 것과 동일하다. 하나님의 음성이다. 그것보다 더 분명한 하나님의 음성도 없을 것이다.

> **8** 광야에서 시험하던 날에 거역하던 것 같이 너희 마음을 완고하게 하지 말라
> **8** do not be stubborn, as your ancestors were when they rebelled against God, as they were that day in the desert when they put him to the test.

3:8 광야에서 시험하던 날...너희 마음을 완고하게 하지 말라. 이스라엘 백성들은 광야에서 하나님의 말씀을 거역하였다. 말씀을 지키는 것 같다가도 시험의 때에 거역하였다. **너희 마음을 완고하게 하지 말라.** 이스라엘 백성들은 광야에서 하나님께 받은 말씀이 아니라 이전의 삶의 방식대로 살았다. 이전의 마음을 바꾸지 않았다. 하나님의 말씀에 신실해야 하는데 그러지 못하였다.

사람들이 '이스라엘 백성은 출애굽과 광야에서 그렇게 많은 것을 경험하고도 하나님을 거역하는 것이 이해가 안 된다'고 말하는 것을 들었다. 맞다. 그런데 그렇다면 우리는 더욱더 이해가 안 되는 사람들이다. 우리는 홍해가 갈라지는 것보다 더 위대한 성육신이 일어난 이후 시대를 사는 사람들이다. 오늘날 믿음을 가진 사람 중에 성육신을 모르는 사람이 누가 있을까? 성육신은 참으로 어떤 것보다 더 놀라운 일이다. 애굽에서 나올 때 10가지 재앙이나 홍해를 건넌 것과 비교도 안 될 정도로 놀라운 일이다. 그런데도 불구하고 그 마음이 바로의 마음처럼 완고하고 광야의 이스라엘 백성처럼 완고하다. 그것은 사실 성육신 믿음이 없다는 것을 의미한다.

> **9** 거기서 너희 열조가 나를 시험하여 증험하고 사십 년 동안 나의 행사를 보았느니라
> **10** 그러므로 내가 이 세대에게 노하여 이르기를 그들이 항상 마음이 미혹되어 내 길을 알지 못하는도다 하였고
> **9** There they put me to the test and tried me, says God, although they had seen what I did for forty years.
> **10** And so I was angry with those people and said, 'They are always disloyal and refuse to obey my commands.'

3:10 마음이 미혹되어 내 길을 알지 못하는도다. 마음이 제삿밥에만 있다. 믿음을 가졌

다 하면서도 성육신 앞에 엎드리는 것이 아니라 자신의 성공을 위하여 믿음을 이용하려 한다. 마음이 세상에 있다. 세상에 미혹되어 있다. 세상이 요구하는 것에 신실하다. 하나님이 말씀하신 것에 신실하지 않다. 여전히 아주 철저히 세상적인 사람으로 살아가고 있다.

> **11** 내가 노하여 맹세한 바와 같이 그들은 내 안식에 들어오지 못하리라 하였다 하였느니라
> **11** I was angry and made a solemn promise: 'They will never enter the land where I would have given them rest!' "

3:11 그들은 내 안식에 들어오지 못하리라. 출애굽시키시는 하나님의 능력과 은혜를 경험하고도 마음이 완고한 그들에게 '안식'에 들어가지 못한다고 말씀하셨다. 참으로 큰 은혜를 무시한 사람들이다. 그렇다면 성육신을 알고도 마음이 여전히 완고하다면 어찌 될까? 성육신을 들었으면 가던 삶을 완고하게 고집부리지 말아야 한다. 이제 유해져서 오직 하나님의 말씀에 언제든지 맞추는 사람이 되어야 한다. 자기 그릇에 하나님을 맞추는 사람이 아니라 하나님의 그릇에 자기를 맞추는 것이 당연하다. 나는 그릇, 하나님은 물이 아니다. 나는 물이고 하나님이 그릇이다. 하나님께서 주시는 그릇에 나를 맞추어야 한다.

> **12** 형제들아 너희는 삼가 혹 너희 중에 누가 믿지 아니하는 악한 마음을 품고 살아 계신 하나님에게서 떨어질까 조심할 것이요
> **12** My fellow-believers, be careful that no one among you has a heart so evil and unbelieving as to turn away from the living God.

3:12 하나님에게서 떨어질까 조심할 것이요. 하나님을 떠난다는 것을 의미한다. 진짜 믿음의 사람 중에 그런 사람이 있을까? 없다. 그러나 가짜 믿음이라면 그렇게 된다. 우리는 살아오면서 그런 사람을 많이 보았다. 사실 이론적으로는 진짜 신앙은 결코 떨어질 수 없다. 그것을 '성도의 견인'이라 말한다. 그러나 누가 진짜 믿음인지는 누구도 결단코 확증할 수 없다. 그러기에 우리가 해야 하는 일은 '나는 신앙인이니 결코 하나님에게서 떨어지지 않아'라고 말할 것이 아니라 떨어질까 조심하면서 더욱 참된 믿음의 길을 가도록 힘쓰는 것이다. 믿음의 확신의 중요성을 생각하는 사람은 '떨어질까 조심하는 것'이 이상하게 보일 수 있다. 그러나 믿음의 확신을 가진 사람은 더욱더

이런 마음을 가져야 한다. 믿음의 확신을 가지고 있다는 것은 믿음이 얼마나 중요한 지를 알고 있는 사람이라는 뜻이다. 그렇다면 근거 없는 자신감이 아니라 더욱더 조심하고 두렵고 떨리는 마음으로 확고한 믿음을 위해 힘을 다해야 한다.

> **13 오직 오늘이라 일컫는 동안에 매일 피차 권면하여 너희 중에 누구든지 죄의 유혹으로 완고하게 되지 않도록 하라**
> **13** Instead, in order that none of you be deceived by sin and become stubborn, you must help one another every day, as long as the word "Today" in the scripture applies to us.

3:13 오늘이라 일컫는 동안에. 우리는 늘 '오늘'을 살고 있다. 오늘은 내가 믿음을 선택할 수 있고, 불신앙을 선택할 수도 있다. 오늘 말씀을 따라 살 수 있고 세상을 따라 살 수 있다. 오늘 말씀을 따라 살기 위해 힘을 다해야 한다. **매일 피차 권면하여.** 우리는 연약하다. 그러기에 매일 서로 권면해야 한다. 어제는 말씀을 따라 살았는데 오늘은 세상을 따라 살고 있는 경우가 많다. 그러니 '매일' 말씀을 따라 살도록 힘을 다해야 한다. '서로 권면'하며 도와야 한다. 서로 권면하여 믿음에서 떨어지지 않도록 서로를 도와야 한다. 삼겹줄은 끊어지지 않듯이 서로 도와서 믿음의 일이 끊어지지 않도록 해야 한다. 서로 끊어지려고 할 때가 있다는 것을 알고 그때를 대비하여 친밀한 공동체를 만들고 서로를 굳게 도와야 한다.

> **14 우리가 시작할 때에 확신한 것을 끝까지 견고히 잡고 있으면 그리스도와 함께 참여한 자가 되리라**
> **14** For we are all partners with Christ if we hold firmly to the end the confidence we had at the beginning.

3:14 끝까지 견고히 잡고 있으면...참여한 자가 되리라. 오늘 믿음을 가지고 있어야 하는 것이 아니라 마지막까지 잡고 있어야 구원에 참여하게 될 것이라 말씀한다. 믿음에 신실함이 요구된다는 강력한 말씀이다. 우리는 오늘 믿음을 가지고 있으면 떨어지지 않을 것이라는 근거 없는 확신을 가질 것이 아니라 두렵고 떨림으로 끝까지 믿음을 붙잡는 사람이 되도록 힘을 다해야 한다.

> **15 성경에 일렀으되 오늘 너희가 그의 음성을 듣거든 격노하시게 하던 것 같이 너희 마음을 완고하게 하지 말라 하였으니**

15 This is what the scripture says: "If you hear God's voice today, do not be stubborn, as your ancestors were when they rebelled against God."

3:15 그의 음성을 듣거든...완고하게 하지 말라. 예배 드리면서 말씀을 듣고, 성경을 읽으면서 하나님의 음성을 듣는다. 말씀의 의미를 깨닫는 순간들이 하나님의 음성을 듣는 순간이다. 말씀에 순종하지 않으면 하나님의 음성에 순종하지 않은 것이다.

16 듣고 격노하시게 하던 자가 누구냐 모세를 따라 애굽에서 나온 모든 사람이 아니냐
16 Who were the people who heard God's voice and rebelled against him? All those who were led out of Egypt by Moses.

3:16 16-18절은 수사학적인 질문이다. 각 절마다 '누구냐'가 강조되고 있다. **듣고 격노하시게 하던 자가 누구냐.** 하나님의 말씀에 따라 '출애굽 한 사람들'이다. 그들은 겉으로는 하나님의 백성이었다. 출애굽이라는 놀라운 것을 경험하였다.

17 또 하나님이 사십 년 동안 누구에게 노하셨느냐 그들의 시체가 광야에 엎드러진 범죄한 자들에게가 아니냐
17 With whom was God angry for forty years? With the people who sinned, who fell down dead in the desert.

3:17 하나님이 사십 년 동안 누구에게 노하셨느냐. 하나님은 출애굽한 이스라엘 백성들에게 노하셨다. 오늘날로 하면 교회 다니는 사람들이다.

18 또 하나님이 누구에게 맹세하사 그의 안식에 들어오지 못하리라 하셨느냐 곧 순종하지 아니하던 자들에게가 아니냐
18 When God made his solemn promise, "They will never enter the land where I would have given them rest"—of whom was he speaking? Of those who rebelled.

3:18 하나님이 누구에게 맹세하사 그의 안식에 들어오지 못하리라 하셨느냐. 계속적으로 '누구냐'라고 강조한 문장이다. '누구'에게 해당하는 사람은 이스라엘 백성이다. 그러나 실상은 구원받지 못한 사람들이다.
이스라엘 백성이라고 구원받은 것이 아니다. 오늘날 교회에 다닌다고 구원받은 것이 아니다. 광야에서 이스라엘 백성들은 자신들이 하나님의 백성이라는 엄청난 자긍심

을 가지고 있던 사람들이다. 그러나 구원에 이르지 못한 이들이 많았다. 그들이 말씀에 불순종하였기 때문이다.

> **19 이로 보건대 그들이 믿지 아니하므로 능히 들어가지 못한 것이라**
> 19 We see, then, that they were not able to enter the land, because they did not believe.

3:19 이로 보건대. 앞의 질문과 살펴본 후의 결론이다. **그들이 믿지 아니하므로 능히 들어가지 못한 것이라.** 앞에서 '누구냐'가 강조되었듯이 여기에서는 '믿지 아니하므로'가 강조된 문장이다. 앞에서 계속 강조한 '누구냐'가 실상은 '믿음 없는 사람'이라는 뜻이다. 들어가지 못한 것은 결국 '믿음이 없다'는 결론에 이른다. 이스라엘 백성이었고 스스로 믿음이 있다고 생각하였지만 그들은 사실 믿음이 없는 사람이었다. 오늘날 사람들도 마찬가지다. 아니 오늘날은 더욱더 그러하다. 스스로 믿음이 있다고 말하는 사람이 많다. 그들은 교회에 열심히 다니고 교회 중직자일 수도 있다. 그러나 하나님의 말씀에 순종하는 것에는 실패하는 것을 보면 실제로는 믿음이 없는 사람일 수 있다. 믿음이 없으면 결코 구원에 이르지 못한다.

'성육신의 경고'를 보았다. 성육신을 믿는다 하면서 세상을 따라가는 사람에게 강력한 경고로 하신 말씀이다. 성육신이라는 위대한 진리를 깨달은 사람은 이제 매일 그 사랑에 응답해야 한다. 세상에 응답하는 인생이 아니라 성육신에 응답하면서 살아야 한다. 말씀을 통해 하나님의 음성을 들으면서도 여전히 삶으로 응답하지 않고 있다면 광야의 이스라엘 백성과 전혀 다르지 않다. 아니 더 심한 사람이다. 믿지 않는 사람이다. 그러기에 우리는 두렵고 떨림으로 성육신에 응답하는 인생이 되어야 한다.

2. 안식에 들어가도록
(4:1-13)

4장

이스라엘 백성이 광야에서 완악함으로 가나안에 들어가지 못하였다. 절대다수가 들어가지 못하였다. 물론 가나안에 들어가는 것은 안식의 상징이다. 가나안에 들어가지 못한 모든 사람이 진정한 안식에 이르지 못한 것은 아닐 것이다. 그러나 하나님께서 그들을 단호하게 가나안 입성에서 제외시키셨다는 것을 주의 깊게 보아야 한다. 그들 중에 실제로 많은 이들이 믿음이 없음으로 가나안에 들어가지 못하였을 것이다. 그러기에 우리는 어떻게 해야 할까?

> **1** 그러므로 우리는 두려워할지니 그의 안식에 들어갈 약속이 남아 있을지라도 너희 중에는 혹 이르지 못할 자가 있을까 함이라
> 1 Now, God has offered us the promise that we may receive that rest he spoke about. Let us take care, then, that none of you will be found to have failed to receive that promised rest.

4:1 우리는 두려워할지니. 믿음을 가지고 있다고 생각하지만 실제로는 그렇지 못한 사람이 있다. 두려움을 가지고 성육신 사랑 앞에 서야 한다. **그의 안식에 들어갈 약속이 남아 있을지라도.** 히브리서를 읽고 듣는 사람들은 영원한 나라에 대한 '약속'을 듣고 받아들인 사람들이다. 그들에게 그 나라는 열려 있다. 그러나 그것이 끝은 아니다. **너희 중에는 혹 이르지 못할 자가 있을까 함이라.** 스스로는 약속을 가지고 있는 믿는 사람이라 할지라도 실제로는 영원한 안식에 이르지 못할 사람이 있다. 그런 사람이 되지 않도록 해야 한다. 구원의 확신을 가지는 것은 중요하다. 그러나 구원의 확신이 믿음의 방종이 되면 안 된다. 구원의 확신을 가진 사람은 더욱더 두려움으로 자신의 구원을 이루어 가야 한다.

2 그들과 같이 우리도 복음 전함을 받은 자이나 들은 바 그 말씀이 그들에게 유익하지 못한 것은 듣는 자가 믿음과 결부시키지 아니함이라

2 For we have heard the Good News, just as they did. They heard the message, but it did them no good, because when they heard it, they did not accept it with faith.

4:2 들은 바 그 말씀이 그들에게 유익하지 못한 것은. 복음을 들은 것만으로는 안 된다. 출애굽을 함께 한 것만으로 안 되는 것과 같다. 홍해를 함께 건넌 것만으로는 안 된다. **듣는 자가 믿음과 결부시키지 아니함이라.** 복음을 들은 사람이 그것을 자신의 삶과 연결시켜야 한다. 자신의 삶에 복음이 녹아지게 해야 한다. 성육신의 위대한 사랑이 자신의 삶에서 손과 발로 고백 되어야 한다.

3 이미 믿는 우리들은 저 안식에 들어가는도다 그가 말씀하신 바와 같으니 내가 노하여 맹세한 바와 같이 그들이 내 안식에 들어오지 못하리라 하셨다 하였으나 세상을 창조할 때부터 그 일이 이루어졌느니라

3 We who believe, then, do receive that rest which God promised. It is just as he said: "I was angry and made a solemn promise: 'They will never enter the land where I would have given them rest!'" He said this even though his work had been finished from the time he created the world.

4:3 이미 믿는 우리들은 저 안식에 들어가는도다. '믿는'은 과거형으로 되어 있다. 이미 믿음의 사람이다. **안식에 들어가는도다.** 현재형이다. 이미 안식 안에 들어가 살고 있다. 하나님 나라 안에 안식이 있다. 믿는 사람들은 이미 하나님 나라 안에 있다. 그러나 누가 진정 믿음의 사람인지는 명시적이지 않다. **그들이 내 안식에 들어오지 못하리라.** 믿음이 없는 사람들에게 하신 말씀이다. 믿음이 있는 사람은 이미 안식에 들어섰다. **세상을 창조할 때부터 그 일이 이루어졌느니라.** 하나님께서 그 백성을 창조하신 이유는 하나님 안에서 영원한 안식을 누리도록 하기 위함이다. 하나님은 그 백성이 구원받기를 원하신다. 안식에 이르지 못하기를 원하지 않으신다. 그러기에 중요한 것은 하나님의 뜻에 합당하게 우리가 부족하여도 안식에 들어가기 위해 두려움으로 마음을 다하는 것이다.

4 제칠일에 관하여는 어딘가에 이렇게 일렀으되 하나님은 제칠일에 그의 모든 일을 쉬셨다 하였으며
5 또 다시 거기에 그들이 내 안식에 들어오지 못하리라 하였으니
6 그러면 거기에 들어갈 자들이 남아 있거니와 복음 전함을 먼저 받은 자들은

순종하지 아니함으로 말미암아 들어가지 못하였으므로

4 For somewhere in the Scriptures this is said about the seventh day: "God rested on the seventh day from all his work."
5 This same matter is spoken of again: "They will never enter that land where I would have given them rest."
6 Those who first heard the Good News did not receive that rest, because they did not believe. There are, then, others who are allowed to receive it.

4:6 거기에 들어갈 자들이 남아 있거니와. 계속 '남아 있음'에 대해 말한다. 이것은 '약속이 있음'을 의미한다. 사람들이 비록 악함으로 타락하였지만 그들을 구원하기를 원하시는 하나님의 사랑으로 구원의 문을 열어 주셨다. 약속을 가지게 되었다. 중요한 것은 '순종'이다. **복음 전함을 먼저 받은 자들은 순종하지 아니함으로 말미암아 들어가지 못하였으므로.** 여기에서 '복음'은 신약 시대의 복음을 의미하는 것이 아니라 '안식에 대한 하나님의 말씀'을 의미한다. 그렇게 복음을 들었으나 순종하지 않음으로 안식에 이르지 못한 사람들이 있다.

7 오랜 후에 다윗의 글에 다시 어느 날을 정하여 오늘이라고 미리 이같이 일렀으되 오늘 너희가 그의 음성을 듣거든 너희 마음을 완고하게 하지 말라 하였나니

7 This is shown by the fact that God sets another day, which is called "Today". Many years later he spoke of it through David in the scripture already quoted: "If you hear God's voice today, do not be stubborn."

4:7 오랜 후에 다윗의 글에 다시 어느 날을 정하여 오늘이라고 미리 이같이 일렀으되. 광야 시대에도 그들이 복음에 순종하는 것은 늘 '오늘'에서 기회가 주어졌다. 실패도 오늘에서 벌어졌다. 다윗 시대에도 마찬가지다. 그들이 복음의 말씀을 듣는 그때가 오늘이다. **오늘 너희가 그의 음성을 듣거든 너희 마음을 완고하게 하지 말라 하였나니.** 다윗 시대에도 그들이 하나님의 음성을 들음으로 깨달으면 바로 그때 순종해야 했다. 그리고 오늘 우리도 마찬가지다. 말씀을 들으면 그때가 순종할 '오늘'이다. 오늘이 매우 중요하다.

8 만일 여호수아가 그들에게 안식을 주었더라면 그 후에 다른 날을 말씀하지 아니하셨으리라

8 If Joshua had given the people the rest that God had promised, God would not have spoken later about another day.

4:8 여호수아가 그들에게 안식을 주었더라면. 백성들이 여호수아와 함께 가나안에 들어 갔다. 그러나 가나안은 안식에 대한 상징일 뿐이다. 그러기에 가나안에 들어간 것은 이미 마친 것이 아니다. 오늘날 우리들에게는 우리의 가나안이 남아 있다. 우리에게 약속이 주어져 있고 기회가 주어져 있다. 오늘 우리들에게 주어진 유일한 오늘이 있다.

> **9** 그런즉 안식할 때가 하나님의 백성에게 남아 있도다
> **10** 이미 그의 안식에 들어간 자는 하나님이 자기의 일을 쉬심과 같이 그도 자기의 일을 쉬느니라
> **11** 그러므로 우리가 저 안식에 들어가기를 힘쓸지니 이는 누구든지 저 순종하지 아니하는 본에 빠지지 않게 하려 함이라
> **9** As it is, however, there still remains for God's people a rest like God's resting on the seventh day.
> **10** For those who receive that rest which God promised will rest from their own work, just as God rested from his.
> **11** Let us, then, do our best to receive that rest, so that no one of us will fail as they did because of their lack of faith.

4:11 저 안식에 들어가기를 힘쓸지니. 영원한 참 안식에 들어가기 위해 모든 노력을 기울여야 한다. 세상의 영광을 좇아가는 사람들 속에서 하나님의 영광을 바라보며 사는 것이 결코 쉽지 않다. '먹고 사는 것의 종노릇'에서 벗어나기 위해서는 많은 애씀이 필요하다. **순종하지 아니하는 본에 빠지지 않게 하려 함이라.** 성육신을 들었으면 이제 그 사랑에 순종해야 한다. 그 뜻에 순종해야 한다. 출애굽을 하고도 하나님의 말씀에 순종하지 않은 광야의 이스라엘 백성이 되면 안 된다. 믿음의 길을 가기 위해 애쓰지 않고 있다면 세상의 길을 가고 있는 것이다. 믿음의 길을 평안하게 갈 수는 있지만 편하게 갈 수는 없다. 애쓰지 않으면 우리의 죄의 본성이 우리를 이끌 것이다.

> **12** 하나님의 말씀은 살아 있고 활력이 있어 좌우에 날선 어떤 검보다도 예리하여 혼과 영과 및 관절과 골수를 찔러 쪼개기까지 하며 또 마음의 생각과 뜻을 판단하나니
> **12** The word of God is alive and active, sharper than any double-edged sword. It cuts all the way through, to where soul and spirit meet, to where joints and marrow come together. It judges the desires and thoughts of the heart.

4:12 안식에 들어가기를 힘써야 한다고 말씀하였다. 그렇게 힘쓰기 위해 해야 하는 두 가지 일이 있다. 첫 번째는 말씀이다. 말씀을 읽고 순종하는 일에 힘써야 한다. **하**

나님의 말씀은 살아 있고. 하나님의 말씀을 대함에 있어 죽은 글자를 대하는 것처럼 하지 말아야 한다. 말씀은 하나님의 말씀이다. 살아 계신 하나님의 뜻을 알고, 마음을 느끼고, 힘을 경험해야 한다. 말씀을 읽고 묵상하고 순종하며 그 시간이 하나님을 만나는 순간들이 되어야 한다. 하나님을 자주 만나야 하듯이 말씀을 정기적으로 읽어야 한다. **활력이 있어.** 말씀은 활력이 있다. 말씀은 읽고 끝나는 것이 아니다. 말씀을 읽으면 읽은 만큼 움직이게 된다. 하나님의 뜻과 마음을 알았는데 어찌 움직이지 않을 수 있겠는가? 아는 것만큼 행동하게 된다. **좌우에 날선 어떤 검보다도 예리하여 혼과 영과.** 말씀은 날카로운 칼과 같다. 분별하게 한다. '혼과 영'은 구분하기가 어렵다. 혼과 영은 다른 2개가 아니라 하나의 두 측면이다. 혼은 정신적인 측면에 영은 조금 더 영적인 측면에 사용될 때가 많다. 그러나 두 가지를 정확히 구분할 수는 없다. **관절과 골수를 찔러 쪼개기까지 하며.** '관절'은 뼈와 뼈를 연결하는 부분이고, '골수'는 뼈를 구성하고 있는 것이다. 이 둘을 나누는 것 또한 매우 어렵다. 말씀은 그렇게 구분하기 매우 어려운 부분까지도 구분하게 해 준다는 것을 상징적으로 설명한 것이다. 정신적인 측면과 물질적인 측면 어느 면으로도 구분이 어려운 것을 구분하게 해 준다는 것이다. **마음의 생각과 뜻을 판단하나니.** 마음이 무엇을 생각하는지 알기 어렵다. 게다가 '뜻(헬, 엔노이아)'은 '의도'라 해석할 수 있는데 이러한 것을 구분하기는 더욱 더 어렵다. 그러나 말씀은 그렇게 숨겨진 것에 대해서도 무엇이 옳고 무엇이 그른 것인지에 대한 '판단'을 할 수 있게 한다. 가치관과 선과 악이 혼동된 세상에서 우리는 말씀으로 선과 악을 판단하면서 살아야 한다.

말씀을 대충 알려고 하는 사람들이 있다. 그냥 좋은 말이라고 생각하는 사람도 있다. 그러나 그렇지 않다. 말씀은 혼동된 세상에서 우리를 분별하게 한다. 말씀으로 분별해야 한다. 분별되지 못하는 것은 말씀을 읽지 않기 때문이다. 말씀으로 하나님과 교통하지 않기 때문이다. 우리가 살아가는 모든 순간들이 분별되어야 한다. 말씀으로 거룩해져야 한다.

> **13** 지으신 것이 하나도 그 앞에 나타나지 않음이 없고 우리의 결산을 받으실 이의 눈 앞에 만물이 벌거벗은 것 같이 드러나느니라
>
> **13** There is nothing that can be hidden from God; everything in all creation is exposed and lies open before his eyes. And it is to him that we must all give an account of ourselves.

4:13 우리의 결산을 받으실 이의 눈 앞에 만물이 벌거벗은 것 같이 드러나느니라. 하나님

앞에 숨겨질 것은 하나도 없다. 이 세상에서 뭉뚱그려졌던 모든 것이 세밀하게 다시 하나님 앞에서 결산될 것이다. 결산할 때 1원 단위도 다 드러난다. 그것처럼 우리의 의도와 생각과 행동 하나하나가 다 평가되고 플러스와 마이너스로 계산될 것이다. 하나도 예외가 없다. 기준은 말씀이다. 그러니 그때의 기준이 되는 말씀을 오늘 열심히 읽어야 한다. 기준에 맞게 살아야 플러스 인생이 될 것이다. 기준에 맞추어 풍성한 결산이 될 수 있도록 해야 한다.

3부

아론 제사장보다
탁월하신 대제사장

(4:14-10:39)

1. 대제사장 예수

(4:14-5:10)

> **14** 그러므로 우리에게 큰 대제사장이 계시니 승천하신 이 곧 하나님의 아들 예수시라 우리가 믿는 도리를 굳게 잡을지어다
> **14** Let us, then, hold firmly to the faith we profess. For we have a great High Priest who has gone into the very presence of God—Jesus, the Son of God.

4:14 우리에게 큰 대제사장이 계시니. 옛 언약에서는 대제사장이 백성들의 죄를 가지고 하나님 앞에 나아갔다. 중재하였다. 그런데 지금 우리에게는 대제사장이 없다. 대신 큰 대제사장이 있다. **승천하신 이 곧 하나님의 아들 예수시라.** '승천하셨다'는 것은 '이 땅에 오셨었다'는 것을 의미한다. 하나님의 아들이 이 땅에 성육신 하셨다. 그 분이 우리의 큰 대제사장이 되셔서 중보자가 되신다. 하나님의 아들이 사람이 되기까지 하시면서 우리를 사랑하신 분이다. **우리가 믿는 도리를 굳게 잡을지어다.** 때로는 자신의 연약함으로 흔들릴 때 믿음의 도리를 믿는 것을 확실히 해야 한다. 하나님께 나아가는 자를 '사랑으로 받아 주신다'는 하나님의 놀라운 사랑을 굳게 붙잡아야 한다. 자신의 느낌이 아니라 '믿음의 내용'을 붙잡아야 한다.

> **15** 우리에게 있는 대제사장은 우리의 연약함을 동정하지 못하실 이가 아니요 모든 일에 우리와 똑같이 시험을 받으신 이로되 죄는 없으시니라
> **15** Our High Priest is not one who cannot feel sympathy for our weaknesses. On the contrary, we have a High Priest who was tempted in every way that we are, but did not sin.

4:15 우리에게 있는 대제사장은 우리의 연약함을 동정하지 못하실 이가 아니요. 예수님은 우리를 잘 알고 계신다. 긍휼히 여기신다. 우리의 연약함을 이해하시는 분이다. 연약함은 우리 안에 뿌리가 깊다. 아담도 연약했는데 타락 이후 우리는 더욱더 연약해졌다. 믿는다고 하지만 여전히 연약함이 있다. 그 연약함을 견디지 못하면 누구도 믿음 안에 설 수 없다. 연약함은 뻔뻔함이 아니다. 예수님은 우리의 연약함을 책망하시기 보다는 우리를 가슴으로 안아 주신다.

16 그러므로 우리는 긍휼하심을 받고 때를 따라 돕는 은혜를 얻기 위하여 은혜의 보좌 앞에 담대히 나아갈 것이니라

16 Let us have confidence, then, and approach God's throne, where there is grace. There we will receive mercy and find grace to help us just when we need it.

4:16 때를 따라 돕는 은혜를 얻기 위하여. '도움이 필요한 때마다'라고 번역할 수 있다. 우리는 늘 도움이 필요하다. 그때마다 예수님께 나아가야 한다. **은혜의 보좌 앞에 담대히 나아갈 것이니라.** 보좌는 엄위한 곳이지만 또한 은혜의 자리이다. 그러니 우리는 그 앞에 나아가야 한다. 그 앞에 나오는 이들을 가슴으로 품어 주신다는 것을 확신하고 나아가라. 예수님께 늘 나가야 한다. 혼자 끙끙거리지 말고 예수님 앞에 나아가라.

5장

1 대제사장마다 사람 가운데서 택한 자이므로 하나님께 속한 일에 사람을 위하여 예물과 속죄하는 제사를 드리게 하나니

1 Every high priest is chosen from his fellow-men and appointed to serve God on their behalf, to offer sacrifices and offerings for sins.

5:1 하나님께 속한 일에 사람을 위하여 예물과 속죄하는 제사를 드리게 하나니. 대제사장은 하나님과 사람 사이에서 중보자의 역할을 하였다. 이스라엘 백성이 죄를 가지고 살 수 없으니 '속죄하는 제사'를 통해 하나님께 다시 나올 수 있도록 하였다. 그래서 대제사장의 역할은 매우 중요하였다. 가장 중요하였다.

2 그가 무식하고 미혹된 자를 능히 용납할 수 있는 것은 자기도 연약에 휩싸여 있음이라
3 그러므로 백성을 위하여 속죄제를 드림과 같이 또한 자신을 위하여도 드리는 것이 마땅하니라
4 이 존귀는 아무도 스스로 취하지 못하고 오직 아론과 같이 하나님의 부르심을 받은 자라야 할 것이니라

2 Since he himself is weak in many ways, he is able to be gentle with those who are ignorant and make mistakes.
3 And because he is himself weak, he must offer sacrifices not only for the sins of the people but also for his own sins.
4 No one chooses for himself the honour of being a high priest. It is only by God's call that a

man is made a high priest—just as Aaron was.

5:4 오직 아론과 같이 하나님의 부르심을 받은 자라야 할 것이니라. 하나님께서 특별히 선택하신 아론과 그의 자손만이 대제사장이 될 수 있었다.

> 5 또한 이와 같이 그리스도께서 대제사장 되심도 스스로 영광을 취하심이 아니요 오직 말씀하신 이가 그에게 이르시되 너는 내 아들이니 내가 오늘 너를 낳았다 하셨고
> 6 또한 이와 같이 다른 데서 말씀하시되 네가 영원히 멜기세덱의 반차를 따르는 제사장이라 하셨으니
> 5 In the same way, Christ did not take upon himself the honour of being a high priest. Instead, God said to him: "You are my Son; today I have become your Father."
> 6 He also said in another place, "You will be a priest for ever, in the priestly order of Melchizedek."

5:6 영원히 멜기세덱의 반차를 따르는 제사장이라. 아론 자손의 대제사장은 사람과 비교할 때 특별하고 가장 중요하다. 그런데 예수님은 비교할 수 없는 탁월한 분이다. '멜기세덱의 반차'는 이어져 온 자손이 아니라 특별하게 세워진 것에 대한 상징으로 사용한 단어다. 예수님이 대제사장이 되심은 하나님께서 하나님의 아들을 사람으로 보내셔서 세우신 유일한 특별한 대제사장이다. 참으로 탁월한 대제사장이다.

> 7 그는 육체에 계실 때에 자기를 죽음에서 능히 구원하실 이에게 심한 통곡과 눈물로 간구와 소원을 올렸고 그의 경건하심으로 말미암아 들으심을 얻었느니라
> 7 In his life on earth Jesus made his prayers and requests with loud cries and tears to God, who could save him from death. Because he was humble and devoted, God heard him.

5:7 자기를 죽음에서 능히 구원하실 이에게 심한 통곡과 눈물로 간구와 소원을 올렸고. 아마 겟세마네 동산에서의 기도를 말할 것이다. 사람이 겪었을 어떤 것보다 더 큰 고난을 겪으셨다. 그래서 사람을 이해하고 도울 수 있는 탁월한 대제사장이 되셨다. **그의 경건하심으로 말미암아 들으심을 얻었느니라.** 예수님은 결국 십자가를 지셨으니 예수님의 기도는 응답되지 않은 것처럼 보일 수 있다. 그러나 그렇지 않다. 예수님은 '경건(헬, 율라베이아)' 즉, 하나님을 경외하는 마음으로 '주의 뜻이 이루어지이다'라고 말씀하셨다. 하나님의 뜻을 따라 십자가를 지셨다. 예수님은 십자가의 아픔이 너무 힘드셨지만 결국 하나님의 마음에 자신의 마음을 맞추셨다. 그래서 '들으심'을 얻었

다. 그래서 탁월한 대제사장이 되셨다.

8 그가 아들이시면서도 받으신 고난으로 순종함을 배워서
9 온전하게 되셨은즉 자기에게 순종하는 모든 자에게 영원한 구원의 근원이 되시고
10 하나님께 멜기세덱의 반차를 따른 대제사장이라 칭하심을 받으셨느니라
8 But even though he was God's Son, he learnt through his sufferings to be obedient.
9 When he was made perfect, he became the source of eternal salvation for all those who obey him,
10 and God declared him to be high priest, in the priestly order of Melchizedek.

5:9 온전하게 되셨은즉...영원한 구원의 근원이 되시고. 예수님의 탁월한 사역으로 인해 탁월한 대제사장이 되셨다. 영원한 구원을 이루시는 근원이요 원인이 되셨다.

2. 풍성한 구원
(5:11-6:20)

11 멜기세덱에 관하여는 우리가 할 말이 많으나 너희가 듣는 것이 둔하므로 설명하기 어려우니라

11 There is much we have to say about this matter, but it is hard to explain to you, because you are so slow to understand.

5:11 할 말이 많으나 너희가 듣는 것이 둔하므로. 설명하려고 하는데 어떤 사람은 '그런 것까지 알아야 하는가'라고 생각한다. 저자는 그것을 미리 알고 말하고 있다.

12 때가 오래 되었으므로 너희가 마땅히 선생이 되었을 터인데 너희가 다시 하나님의 말씀의 초보에 대하여 누구에게서 가르침을 받아야 할 처지이니 단단한 음식은 못 먹고 젖이나 먹어야 할 자가 되었도다

12 There has been enough time for you to be teachers—yet you still need someone to teach you the first lessons of God's message. Instead of eating solid food, you still have to drink milk.

5:12 때가 오래 되었으므로 너희가 마땅히 선생이 되었을 터인데. 히브리서를 읽는 사람들은 신앙을 가진지 여러 해가 지난 것 같다. 그래서 '때가 오래 되었으므로'라고 말하고 있다. 믿음은 단순하지 않다. 특히 예수님의 탁월한 사역에 대해 이해하기 위해서는 더욱더 관심을 가지고 들어야 한다. 배워야 한다. 그런데 독자들 중 상당수가 그것을 잘 이해할 수 없는 수준이었다. 믿음의 일에 대해 가르칠 수 있는 '선생'이 되었는가? 아직 아니라면 몇 년 후에 선생이 될 수 있을 것 같은가? 일반적으로 대학을 나온 사람들은 5년을 더 공부하면 박사학위를 받는다. 그렇다면 신앙은 몇 년이 지나면 가르칠 수 있는 선생이 될 수 있을까? 신학대학원은 3년이다. 3년을 배우면 가르치는 목사가 된다. 그런데 교회에 다니는 사람을 보면 30년이 지났는데도 가르칠 수 있는 능력이 없는 사람이 많다. **하나님의 말씀의 초보에 대하여 누구에게서 가르침을 받아야 할 처지이니.** 오랜 세월 교회를 다녔지만 여전히 초보에 머무는 사람이 많다. 시간을 그냥 보내면 안 된다. 믿음의 연륜이 쌓여갈수록 하나님을 잘 알아야 한다. 말씀을 잘 알아야 한다. 그런데 여전히 말씀을 모르고 가장 기초적인 것조차 모르는 사람이 많다.

13 이는 젖을 먹는 자마다 어린 아이니 의의 말씀을 경험하지 못한 자요
13 Anyone who has to drink milk is still a child, without any experience in the matter of right and wrong.

5:13 젖을 먹는 자. 아기가 젖을 먹듯이 신앙에 있어서도 아기처럼 젖만 먹는 사람을 말한다. 여전히 기복신앙적이다. 여전히 말씀을 많이 모른다. 여전히 섬기지 못하고 섬김을 받으려고만 한다. 사랑하려고 하지 않고 사랑을 받으려고만 한다. 하나님의 은혜를 생산하는 사람이 되어야 하는데 소비자에 머물러 있다. **의의 말씀을 경험하지 못한 자요.** 성숙한 신앙인은 성경 말씀 한 구절 한 구절에 대해 경험을 쌓은 사람이다. 한 구절을 살아내는 과정에 하나님의 인도하심을 알고 경험하며 배운다. 그러나 젖만 먹는 사람은 성경 구절에서 아주 쉬운 구절이나 좋아하는 몇 구절만 가지고 산다. 자신의 죄를 지적하고 깨어지는 말씀에는 무지하고, 위로하고 '복 받는다'는 구절만 좋아한다. 성경 구절도 자신의 생각대로 곡해한다. 오직 아기처럼 멋대로 울고, 멋대로 아무 곳에나 대소변을 싼다.

14 단단한 음식은 장성한 자의 것이니 그들은 지각을 사용함으로 연단을 받아 선악을 분별하는 자들이니라
14 Solid food, on the other hand, is for adults, who through practice are able to distinguish between good and evil.

5:14 단단한 음식은 장성한 자의 것이니. 단단한 음식을 씹어서 먹을 줄 알아야 한다. 그것처럼 말씀도 묵상하고 자신을 깨트려서 깨달을 줄 알아야 한다. **지각을 사용함으로 연단을 받아 선악을 분별하는 자들이니라.** 말씀이 말하는 것을 잘 이해하면 그와 비슷한 상황에서도 하나님의 뜻과 마음이 무엇인지를 구별할 수 있다. 마치 수학 문제를 풀 때 공식을 알면 비슷한 유형의 다른 문제를 풀 수 있는 것과 같다. 그런데 말씀을 잘 모르니 조금만 다른 상황이 되어도 하나님의 뜻을 구분할 줄 모른다. 선과 악을 구분할 줄 모르고 악을 행하면서도 그것이 악인지도 모르고 산다. 얼마나 아기 같은 삶인지 모른다. 그것은 인생을 잃어버리는 것이요 낭비하는 것이다. 선악을 구별하여 하나님의 뜻을 이룰 때 인생이 탁월함으로 채워진다. 탁월한 이해가 탁월한 삶을 낳는다.

6장

1 그러므로 우리가 그리스도의 도의 초보를 버리고 죽은 행실을 회개함과 하나님께 대한 신앙과
1 Let us go forward, then, to mature teaching and leave behind us the first lessons of the Christian message. We should not lay again the foundation of turning away from useless works and believing in God;

6:1 그리스도의 도의 초보를 버리고. '버리고(헬, 아피에미)'는 '떠나고' 또는 '넘어'로 번역하는 것이 더 나을 것 같다. 초보를 버리는 것이 아니라 초보를 넘어 더 앞으로 나가라는 말씀이다. 믿음의 초보 수준에 머물러 있으면 안 된다. 믿음이 무엇인지 아는 사람은 믿음의 초보 수준에 머무르지 않는다. 풍성하고 놀라운 믿음을 어찌 수박 겉핥기만 하면서 만족할 수 있겠는가? 수박을 쪼개서 먹는 것이 당연하다. 그 탁월함에 다 응답할 수는 없지만 그 탁월함을 조금이나마 따라가야 한다. 탁월함의 세계로 들어가야 한다.

2 세례들과 안수와 죽은 자의 부활과 영원한 심판에 관한 교훈의 터를 다시 닦지 말고 완전한 데로 나아갈지니라
2 of the teaching about baptisms and the laying on of hands; of the resurrection of the dead and the eternal judgement.

6:2 교훈의 터를 다시 닦지 말고 완전한 데로 나아갈지니라. 첫사랑은 좋은 것이다. 그러나 첫사랑 수준에 머물러 있으면 안 된다. 첫사랑을 넘어 성숙한 신앙으로 나가야 한다.

3 하나님께서 허락하시면 우리가 이것을 하리라
4 한 번 빛을 받고 하늘의 은사를 맛보고 성령에 참여한 바 되고
5 하나님의 선한 말씀과 내세의 능력을 맛보고도
6 타락한 자들은 다시 새롭게 하여 회개하게 할 수 없나니 이는 그들이 하나님의 아들을 다시 십자가에 못 박아 드러내 놓고 욕되게 함이라
3 Let us go forward! And this is what we will do, if God allows.
4 For how can those who abandon their faith be brought back to repent again? They were once in God's light; they tasted heaven's gift and received their share of the Holy Spirit;
5 they knew from experience that God's word is good, and they had felt the powers of the coming age.
6 And then they abandoned their faith! It is impossible to bring them back to repent again,

because they are again crucifying the Son of God and exposing him to public shame.

6:4-6 한 번 빛을 받고 하늘의 은사를 맛보고...타락한 자들은 다시 새롭게 하여 회개하게 할 수 없나니. 너무 충격적인 말씀이어서 다양한 해석이 있다. '한 번 빛을 받고'라는 표현을 보면 진짜 믿음을 가진 사람처럼 보인다. 그러나 아마 진짜에 매우 가까운 모습을 의미할 것이다. 거의 믿음에 가까운 것이다. 아마 겉으로는 진짜 믿음으로 보일 것이다. 그런데 그러한 사람이 믿음에서 멀어지는 경우도 있다. 그들은 '회개할 수 없다'고 말한다. 회개는 생명이 있는 모든 사람에게 열려 있다. 그러기에 이것은 '회개할 수 없다'는 논리적 이야기보다는 일어나는 사건에 대한 실제적 이야기나 가능성의 이야기일 것이다. 그리스도의 십자가를 인해 눈물 흘리며 고백했던 이들이 믿음을 떠나면 참으로 큰 죄다. '회개할 수 없는 죄'라고 말할 정도로 큰 죄다. 그것은 그들이 믿음에 가까워졌던 것만큼 더 큰 죄가 된다. 그들의 믿음의 대상인 예수님을 능욕하는 것이기 때문이다. 그러기에 믿음에서 떨어진 것처럼 보이는 사람은 가장 불행한 사람이다.

> 7 땅이 그 위에 자주 내리는 비를 흡수하여 밭 가는 자들이 쓰기에 합당한 채소를 내면 하나님께 복을 받고
> 8 만일 가시와 엉겅퀴를 내면 버림을 당하고 저주함에 가까워 그 마지막은 불사름이 되리라
> 7 God blesses the soil which drinks in the rain that often falls on it and which grows plants that are useful to those for whom it is cultivated.
> 8 But if it grows thorns and weeds, it is worth nothing; it is in danger of being cursed by God and will be destroyed by fire.

6:7-8 땅이 그 위에 자주 내리는 비를 흡수하여. 교회에 다니는 사람들은 비가 내리듯 예배를 드린다. 말씀을 듣는다. 평범한 일상 같지만 실상은 자라감이 있어야 한다. 믿음의 성숙이 있어야 한다. 그 안에 탁월함이 있다. **밭 가는 자들이 쓰기에 합당한 채소를 내면 하나님께 복을 받고...가시와 엉겅퀴를 내면 버림을 당하고.** 우리는 지금 무엇을 생산하고 있는가? 하나님께 영광되는 삶을 생산하고 있는가, 악취를 풍기는 것을 생산하고 있는가? 이것은 생산물 비유이지만 사실 무엇을 생산하는지는 매우 중요하다. 하나님께 영광을 돌리는 것을 생산하고 있으면 그는 세상의 어떤 누구보다 더 탁월한 삶을 살고 있는 것이다. 그러나 만약 하나님과 상관 없는 삶을 살고 있다면 그것은 세상의 삶이요 비참한 삶이다. **그 마지막은 불사름이 되리라.** 세상의 삶은 '불사름'이 마

지막이다. 신앙인은 말씀이 말하는 믿음의 삶을 살아야 한다. 믿음의 삶은 가장 탁월한 삶이다.

> **9 사랑하는 자들아 우리가 이같이 말하나 너희에게는 이보다 더 좋은 것 곧 구원에 속한 것이 있음을 확신하노라**
> 9 But even if we speak like this, dear friends, we feel sure about you. We know that you have the better blessings that belong to your salvation.

6:9 앞에서 아주 엄한 경고를 한 히브리서 저자는 다시금 믿음의 길을 정상적으로 가고 있는 성도들을 향하여 부드럽게 말한다. **너희에게는...구원에 속한 것이 있음을 확신하노라.** 엉겅퀴를 내는, 믿음이 없는 사람들이 아니라 채소를 내는 사람들에게 말한다. 그들의 모습을 보면 구원에 속한 증거가 있다고 말한다.

> **10 하나님은 불의하지 아니하사 너희 행위와 그의 이름을 위하여 나타낸 사랑으로 이미 성도를 섬긴 것과 이제도 섬기고 있는 것을 잊어버리지 아니하시느니라**
> 10 God is not unfair. He will not forget the work you did or the love you showed for him in the help you gave and are still giving to your fellow-Christians.

6:10 행위와 그의 이름을 위하여 나타낸 사랑으로 이미 성도를 섬긴 것과 이제도 섬기고 있는 것. 하나님의 이름으로 섬겼고 또 섬기고 있는 그 행위와 사랑의 마음을 보면 그들이 확실히 믿음의 사람인 것을 증거한다. 이것은 믿음을 가진 사람은 그렇게 섬긴 삶이 있어야 하고 지금도 섬기고 있어야 한다는 것을 의미하기도 한다. 할만해서가 아니라 성육신 사랑을 생각하여 힘을 다하여 섬기는 것이다.

> **11 우리가 간절히 원하는 것은 너희 각 사람이 동일한 부지런함을 나타내어 끝까지 소망의 풍성함에 이르러**
> 11 Our great desire is that each of you keep up your eagerness to the end, so that the things you hope for will come true.

6:11 중요한 것은 그러한 섬김이 단회적이지 말아야 한다는 것이다. 멈추지 말아야 한다. **동일한 부지런함을 나타내어.** 이것은 2가지 해석 가능성이 있다. '지금 부지런한 것처럼 미래에도 부지런하라'는 뜻일 수 있다. 생명이 있는 진짜는 시간이 가도 변하지 않는다. 오늘 신앙인이 살아가는 섬김과 사랑에 부지런함은 죽을 때까지 이어져야

한다. 더욱 부지런해야 한다. 방식은 달라도 부지런함은 바뀌지 말아야 한다. '섬김에 있어 부지런한 것처럼 소망에 있어서도 부지런하라'는 뜻일 수 있다. 소망에 대한 확실한 확신을 가지지 않고 오늘 섬기는 것은 위험하다. 소망이 없으면 지금은 할 수 있어도 이후에는 하지 못하게 될 것이다. 그래서 지금 섬기는 일을 소망 없이 하지 말고 풍성한 소망을 가지고 하라는 말이다. 둘 다 가능성이 있는 해석이다.

> **12** 게으르지 아니하고 믿음과 오래 참음으로 말미암아 약속들을 기업으로 받는 자들을 본받는 자 되게 하려는 것이니라
> **12** We do not want you to become lazy, but to be like those who believe and are patient, and so receive what God has promised.

6:12 게으르지 아니하고 믿음과 오래 참음으로 말미암아 약속들을 기업으로 받는 자들. 믿음의 길을 가는 것이 탁월한 길이지만 때로는 지친다. 탁월한 길에 대한 열매가 미래에 있기 때문에 오늘을 살 때 지칠 수 있다. 그래서 오래참음이 필요하다. 특히 열심히 살면서 오래참는 것은 더욱 힘들 수 있다. 그러기에 소망을 더욱더 확고히 해야 한다. 믿음의 길을 갈 때 맺는 열매에 대한 확고한 확신과 소망이 있어야만 가능하다. 그것이 얼마나 탁월한 길인지에 대한 확고한 확신과 소망을 가져야 한다.

> **13** 하나님이 아브라함에게 약속하실 때에 가리켜 맹세할 자가 자기보다 더 큰 이가 없으므로 자기를 가리켜 맹세하여
> **13** When God made his promise to Abraham, he made a vow to do what he had promised. Since there was no one greater than himself, he used his own name when he made his vow.

6:13 하나님이 아브라함에게 약속하실 때. 하나님께서 아브라함에게 약속하심으로 소망을 주신 것에 대한 이야기다.

> **14** 이르시되 내가 반드시 너에게 복 주고 복 주며 너를 번성하게 하고 번성하게 하리라 하셨더니
> **14** He said, "I promise you that I will bless you and give you many descendants."

6:14 너를 번성하게 하고 번성하게 하리라. 약속하셨다. 소망을 주셨다. 그런데 이 약속이 이루어졌을까? 이루어졌다. 아브라함이 죽은 지 아주 오래 후에 이루어졌다. '아브

라함의 자손'은 혈통의 자손을 말하는 것이 아니라 믿음의 자손을 의미한다. 그렇다면 오늘날 얼마나 많은가? 그러나 분명한 것은 아브라함이 살아 있는 동안에는 이 약속이 결코 이루어지지 않았다는 사실이다. 하나님께서 아브라함에게 주신 약속이 아브라함이 살아 있는 동안에 이루어지지 않았다는 사실에서 우리는 무엇을 생각할 수 있을까? 하나님께서 약속을 어기신 것인가? 아니다. 약속을 정확히 지키셨다. 아브라함은 어떻게 생각하였을까? 아브라함 또한 하나님께서 약속을 지켜 주셨다고 분명히 그렇게 생각하였다. 그렇다면 어떻게 약속을 지키신 것이 될까? 미래에 성취되는 것을 약속으로 받아들여야 약속이 이루어진 것이 된다. 아주 먼 미래에 성취되는 일이 무슨 의미가 있을까? 그러나 그렇지 않다. 약속의 성취는 임시적인 것이 아니라 지속성이 있을 때 성취다. 지속성을 넘어 영원성이 있으면 가장 좋은 성취다. 아브라함이 살아 있을 때 자손이 많아져서 성취된 것과 이후에 믿음의 자손이 많아진 것 중에 무엇이 더 큰 성취요 현실적일까? 비교할 수 없을 정도로 이후의 성취가 훨씬 더 크고 현실적이다. 예수님의 재림 이후 그것이 더욱 빛날 것이다. 세상이 오늘의 모습이 현실이라고 나를 속이려 할 때 속지 마라. 심판대 앞이 현실이다. 그래서 하나님의 약속(성경)이 현실이다. 그 현실에 따라 살아야 한다. 신앙인은 소망을 붙잡아야 한다. 탁월한 소망이다. 그것이 가장 큰 현실이다. 세상에서 그럭저럭 살던 우리를 탁월한 삶으로 바꾸는 소망이다. 목구멍이 포도청처럼 살던 우리를 영원한 가치의 믿음을 위해 살게 하는 소망을 붙잡아야 한다.

> **15** 그가 이같이 오래 참아 약속을 받았느니라
> **16** 사람들은 자기보다 더 큰 자를 가리켜 맹세하나니 맹세는 그들이 다투는 모든 일의 최후 확정이니라
> **17** 하나님은 약속을 기업으로 받는 자들에게 그 뜻이 변하지 아니함을 충분히 나타내시려고 그 일을 맹세로 보증하셨나니
> **15** Abraham was patient, and so he received what God had promised.
> **16** When people make vows, they use the name of someone greater than themselves, and the vow settles all arguments.
> **17** To those who were to receive what he promised, God wanted to make it very clear that he would never change his purpose; so he added his vow to the promise.

6:17 그 뜻이 변하지 아니함을 충분히 나타내시려고 그 일을 맹세로 보증하셨나니. 아주 놀라운 일이다. 하나님은 맹세하실 필요가 없으시다. 하나님께서 말씀하시면 그것이 법이다. 그것이 현실이다. 말씀하시니 우주가 만들어졌다. 모든 것이 현실이 된다. 그

런데 아브라함에게 약속을 하시고 맹세로 보증하셨다. 그런 맹세를 듣는다는 것은 참으로 두렵고 떨리는 일이다.

> **18** 이는 하나님이 거짓말을 하실 수 없는 이 두 가지 변하지 못할 사실로 말미암아 앞에 있는 소망을 얻으려고 피난처를 찾은 우리에게 큰 안위를 받게 하려 하심이라
> **18** There are these two things, then, that cannot change and about which God cannot lie. So we who have found safety with him are greatly encouraged to hold firmly to the hope placed before us.

6:18 왜 맹세까지 하셨을까? 절대 그렇게 하지 않으셔도 되는데 어찌 황송하게 맹세까지 하셨을까? **두 가지 변하지 못할 사실로 말미암아...큰 안위를 받게 하려 하심이라.** 우리에게 용기를 주시기 위함이다. 우리를 격려하기 위함이다. '두 가지 변하지 못할 사실'은 하나님께서 말씀(약속)하시면 결코 변하지 않는다는 것과 또한 맹세하시면 결코 변하지 않으신다는 것을 의미한다. 약속 하나만도 두렵고 떨리는 일인데 맹세까지 하시면서 확증하셨다. 그러니 그것은 결코 변하지 않는다는 것을 명심하고 또 명심해야 한다. **소망을 얻으려고 피난처를 찾은 우리에게.** 오늘의 고통에도 불구하고 믿음의 길을 살아가는 사람들에게 '소망'이 확실한 '피난처'가 됨을 말한다. 힘든 일이 생기면 진리의 길을 가던 것을 포기하려는 마음이 생긴다. 그래서 다시금 용기를 주기 위해 '두 가지 변하지 않는 사실'로 약속을 확증하셨다. 약속을 소망으로 삼아 오늘의 어려움을 이길 수 있도록 돕는 마음이다. 소망이 우리의 피난처가 되어야 한다. 소망에 잠시 피할 줄 알아야 한다. 소망하는 것이 무엇인지 잘 묵상하고 생각해 보라. 그날에 무슨 일이 일어날지를 생각해야 한다. 그러면 두려워하던 마음에 평안이 오고 분노하던 마음이 사랑의 마음으로 잔잔해질 것이다.

> **19** 우리가 이 소망을 가지고 있는 것은 영혼의 닻 같아서 튼튼하고 견고하여 휘장 안에 들어 가나니
> **19** We have this hope as an anchor for our lives. It is safe and sure, and goes through the curtain of the heavenly temple into the inner sanctuary.

6:19 이 소망을 가지고 있는 것은 영혼의 닻 같아서 튼튼하고 견고하여. 신앙인을 바다 위에 표류하는 배에 비유한다. 사도행전에서 바울이 탄 배가 로마로 항해하다 폭풍을 만났을 때 닻을 내렸다. 파도에 휩쓸려 가다 좌초하지 않도록 하기 위함이다. 영

적 싸움의 한복판에서 소망은 '영혼의 닻'이다. 소망이 없으면 세상에 흔들리다 난파될 것이다. **휘장 안에 들어 가나니.** 이 '휘장'은 성막의 지성소와 성소 사이의 휘장을 의미할 것이다. 이것은 소망을 가지고 세상의 폭풍을 이기며 살아가면 하나님의 임재의 자리인 '성소 안으로 들어간다'는 것을 의미한다. 심한 폭풍이 불 때 사람들은 '왜'를 말하곤 한다. 그러나 그곳에서 우리는 '소망'을 가져야 한다. '왜 이런 일이 일어납니까'라고 말할 것이 아니라 '그날에 이것까지도 회복되게 하실 것이니 믿습니다'라고 말해야 한다. 그러할 때 우리는 하나님의 임재의 자리에 들어가게 된다. 하나님 앞에서 깊이 성찰하게 된다. 아들이 십자가를 지실 때의 아픔과 우리의 구원을 위해 첫 열매로 부활을 보여주신 하나님을 깊이 바라보게 된다.

> **20** 그리로 앞서 가신 예수께서 멜기세덱의 반차를 따라 영원히 대제사장이 되어 우리를 위하여 들어 가셨느니라
>
> 20 On our behalf Jesus has gone in there before us, and has become a high priest for ever, in the priestly order of Melchizedek.

6:20 앞서 가신 예수께서...우리를 위하여 들어 가셨느니라. 예수님께서 십자가를 지셨고 부활하셨다. 예수님께서 개척하여 앞서 가신 그 길을 우리도 갈 힘을 얻게 된다. 우리의 십자가를 지는 것을 두려워하거나 불만하지 않고 소망을 가지고 하나님 앞으로 더 가까이 가게 된다.

3. 예수 대제사장의 특성
(7:1-10:39)

7장

예수님은 대제사장이다. 이스라엘 백성들은 대제사장에 대해 잘 알고 있었다. 그런데 예수님은 그런 대제사장과 달랐다. 탁월한 대제사장이다. 지금까지 있었던 아론 계열의 대제사장과 다른 탁월한 대제사장이심을 설명하기 위해 히브리서 저자는 길게 설명한다. 그 설명을 위해 사용하는 사람이 멜기세덱이다.

> **1** 이 멜기세덱은 살렘 왕이요 지극히 높으신 하나님의 제사장이라 여러 왕을 쳐서 죽이고 돌아오는 아브라함을 만나 복을 빈 자라
> **1** This Melchizedek was king of Salem and a priest of the Most High God. As Abraham was coming back from the battle in which he defeated the four kings, Melchizedek met him and blessed him,

7:1 멜기세덱은 살렘 왕이요. 아브라함이 전쟁에서 이기고 돌아오면서 만난 멜기세덱은 실제 살렘 성의 왕이었다. 또한 당시 제사장이었다. 역사적 실제 인물이다. 그런데 히브리서 저자는, 예수님이 탁월한 대제사장임을 말하기 위해 멜기세덱을 상징적으로 사용하였다.

> **2** 아브라함이 모든 것의 십분의 일을 그에게 나누어 주니라 그 이름을 해석하면 먼저는 의의 왕이요 그 다음은 살렘 왕이니 곧 평강의 왕이요
> **2** and Abraham gave him a tenth of all he had taken. (The first meaning of Melchizedek's name is "King of Righteousness"; and because he was king of Salem, his name also means "King of Peace".)

7:2 그 이름을 해석하면 먼저는 의의 왕이요. 멜기세덱이 '의의 왕'인 것은 아니다. 단지 그의 이름의 뜻이 '의의 왕'이다. 그리고 그것은 예수님의 대제사장직을 설명하는데 매우 적합하다. 예수님은 하나님의 의에 정확히 부응하셨기 때문이다. 사실 일반 대

제사장이 드리는 동물의 피는 사람의 죄를 사할 수 없다. 그것은 예수님의 대속의 피 흘림을 바라보는 것에 불과하다. 어찌 값싼 동물의 피가 비싼 사람의 죄를 대신할 수 있겠는가? 그러나 예수님의 피는 모든 사람의 죄를 다 사하고도 남는다. 예수님은 자신의 피를 흘리심으로 하나님의 의를 정확히 이루셨다. **살렘 왕이니 곧 평강의 왕이요.** 살렘은 '평화'라는 의미이며 도시 이름이다. 살렘이라는 도시의 왕이니 그는 '평화의 왕'이다. 이것 또한 그가 예수님을 상징적으로 나타내기에 적합하다. 예수님은 대제사장으로 오셔서 하나님과 사람 사이에 막힌 담을 완전히 허셨다. 그래서 하나님과 사람 사이에 진정한 샬롬을 가져오셨다. 예수님이 가져오신 평화는 다른 어떤 누구도 가져올 수 없는 평화. 오직 예수님만이 하실 수 있는 것으로서 탁월한 대제사장이기 때문에 가능하였다.

> **3** 아버지도 없고 어머니도 없고 족보도 없고 시작한 날도 없고 생명의 끝도 없어 하나님의 아들과 닮아서 항상 제사장으로 있느니라
> **3** There is no record of Melchizedek's father or mother or of any of his ancestors; no record of his birth or of his death. He is like the Son of God; he remains a priest for ever.

7:3 아버지도 없고 어머니도 없고. 이것은 멜기세덱이 실제로 아버지와 어머니가 없이 태어났다는 것을 의미하는 것이 아니다. 성경에 기록되지 않은 것일 뿐이다. 이것은 멜기세덱의 그러한 특성을 상징적으로 사용하여 예수님의 실제 특성을 설명하는 것이다. 예수님은 아들이 되실 때는 이 땅에 아버지와 어머니가 있지만 사실 영원한 분이기 때문에 아버지도 없고 어머니도 없다는 말이 더 맞을 것이다.

> **4** 이 사람이 얼마나 높은가를 생각해 보라 조상 아브라함도 노략물 중 십분의 일을 그에게 주었느니라
> **4** You see, then, how great he was. Abraham, our famous ancestor, gave him a tenth of all he got in the battle.

7:4 이 사람이 얼마나 높은가를 생각해 보라. 이것은 멜기세덱과 아브라함을 비교하는 것이다. 멜기세덱은 아브라함의 자손이 아니라 오히려 아브라함이 그에게 십일조를 드림으로 아브라함보다 위에 있음을 말한다. 이것은 예수님과 아브라함을 비교하기 위한 것이다. 예수님이 위에 계심을 상징적으로 말하는 것이다.

5 레위의 아들들 가운데 제사장의 직분을 받은 자들은 율법을 따라 아브라함의 허리에서 난 자라도 자기 형제인 백성에게서 십분의 일을 취하라는 명령을 받았으나
5 And those descendants of Levi who are priests are commanded by the Law to collect a tenth from the people of Israel, that is, from their own people, even though they are also descendants of Abraham.

7:5 제사장의 직분을 받은 자들은 율법을 따라 아브라함의 허리에서 난 자라. 예수님이 대제사장으로서 탁월함은, 기존의 대제사장은 아브라함의 후손이요 아론의 후손임에 반해 멜기세덱은 아브라함의 제사장으로서 다른 모든 대제사장 보다 먼저이고 위인 것과 같다. 예수님은 나중에 오셨기 때문에 사람들은 예수님의 대제사장 되심이 다른 대제사장의 뒤를 잇는 것으로 생각하기 쉽다. 그러나 예수님은 다른 대제사장의 뒤를 이은 것이 아니다. 그들보다 먼저이시고, 그들의 모든 대제사장직에 대한 완성이다. 탁월한 대제사장이다.

6 레위 족보에 들지 아니한 멜기세덱은 아브라함에게서 십분의 일을 취하고 약속을 받은 그를 위하여 복을 빌었나니
7 논란의 여지 없이 낮은 자가 높은 자에게서 축복을 받느니라
8 또 여기는 죽을 자들이 십분의 일을 받으나 저기는 산다고 증거를 얻은 자가 받았느니라
6 Melchizedek was not descended from Levi, but he collected a tenth from Abraham and blessed him, the man who received God's promises.
7 There is no doubt that the one who blesses is greater than the one who is blessed.
8 In the case of the priests the tenth is collected by men who die; but as for Melchizedek the tenth was collected by one who lives, as the scripture says.

7:8 멜기세덱은 죽었다는 기록이 없다. 그것을 상징적으로 사용하여 예수님은 산자로서 대제사장의 일을 하신다고 말한다. 예수님은 지금도 살아 계시다. 대제사장들은 죽었으나 예수님은 살아 계신다. 그래서 탁월한 대제사장이다.
예수님의 대제사장직을 아론 자손의 대제사장직과 비교하는 것은 사람들이 아론 자손의 대제사장직에 대해 미련이 많이 남아 있기 때문이다. 예수님이 오심으로 더 좋은 대제사장이 오셨다. 모든 제사가 완성된 것이다. 그럼에도 불구하고 사람들은 여전히 성전에서 제사를 드리고 있는 대제사장에게 눈을 돌리곤 하였다. 히브리서가 기록된 당시는 아직 예루살렘의 성전이 무너지지 않았을 때다. 대제사장의 제사가 계속 진행되던 때다. 물론 이때는 예루살렘 성전이 무너진 70년에 가까운 60년대 후반이

기 때문에 기독교인들은 이미 도피하여 예루살렘에 없었을 것이다. 그러나 그들 중에는 여전히 예루살렘과 대제사장에 대한 그리움을 가진 사람들이 많았을 것이다. 사람들이 보기에는 예루살렘의 성전이 훨씬 더 아름답고 자랑스러워 보였다. 그러나 그 건물과 화려한 옷을 입은 대제사장이 중요한 것이 아니다. 성전보다 예수님의 육체가 깨트려진 것이 더 위대하며, 대제사장이 드리는 모든 제사를 합한 것보다 예수님께서 유월절에 십자가에서 자신을 드리신 것이 훨씬 더 위대하다. 그것을 말하고 있다.

> **9** 또한 십분의 일을 받는 레위도 아브라함으로 말미암아 십분의 일을 바쳤다고 할 수 있나니
> **10** 이는 멜기세덱이 아브라함을 만날 때에 레위는 이미 자기 조상의 허리에 있었음이라
> **11** 레위 계통의 제사 직분으로 말미암아 온전함을 얻을 수 있었으면 (백성이 그 아래에서 율법을 받았으니) 어찌하여 아론의 반차를 따르지 않고 멜기세덱의 반차를 따르는 다른 한 제사장을 세울 필요가 있느냐
> **9** And, so to speak, when Abraham paid the tenth, Levi (whose descendants collect the tenth) also paid it.
> **10** For Levi had not yet been born, but was, so to speak, in the body of his ancestor Abraham when Melchizedek met him.
> **11** It was on the basis of the levitical priesthood that the Law was given to the people of Israel. Now, if the work of the levitical priests had been perfect, there would have been no need for a different kind of priest to appear, one who is in the priestly order of Melchizedek, not of Aaron.

7:11 레위 계통의 제사 직분으로 말미암아 온전함을 얻을 수 있었으면...다른 한 제사장을 세울 필요가 있느냐. 이스라엘 백성은 새로운 다른 대제사장이 필요하였다. 예수님이 오시기 전까지 대제사장은 열심히 제사를 드림으로 그 역할을 잘 감당하였다. 그러나 그것으로 충분하지 않았다. 모든 제사는 예수 그리스도의 대속을 상징(예표)한다. 예수 그리스도의 대속이 없다면 모든 것은 무효다. 예수 그리스도의 대속의 희생이 있어야만 모든 제사가 유효하다. 그래서 예수님의 대제사장 되심이 절대적으로 필요하였다.

> **12** 제사 직분이 바뀌어졌은즉 율법도 반드시 바꾸어지리니
> **12** For when the priesthood is changed, there also has to be a change in the law.

7:12 율법도 반드시 바꾸어지리니. '다른 대제사장'이 필요하다는 것은 그에 따른 많은

'다른 법'도 필요하다는 것을 의미한다.

> **13** 이것은 한 사람도 제단 일을 받들지 않는 다른 지파에 속한 자를 가리켜 말한 것이라
>
> **13** And our Lord, of whom these things are said, belonged to a different tribe, and no member of his tribe ever served as a priest.

7:13 제단 일을 받들지 않는 다른 지파에 속한 자. 대제사장은 아론의 자손만 가능했다. 그래서 그 율법이 바뀌어야 한다. 레위 지파가 아니라 유다 지파에서 새로운 대제사장이 나왔다.

> **14** 우리 주께서는 유다로부터 나신 것이 분명하도다 이 지파에는 모세가 제사장들에 관하여 말한 것이 하나도 없고
> **15** 멜기세덱과 같은 별다른 한 제사장이 일어난 것을 보니 더욱 분명하도다
> **16** 그는 육신에 속한 한 계명의 법을 따르지 아니하고 오직 불멸의 생명의 능력을 따라 되었으니
>
> **14** It is well known that he was born a member of the tribe of Judah; and Moses did not mention this tribe when he spoke of priests.
> **15** The matter becomes even plainer; a different priest has appeared, who is like Melchizedek.
> **16** He was made a priest, not by human rules and regulations, but through the power of a life which has no end.

7:16 육신에 속한 한 계명의 법을 따르지 아니하고. 이전에는 아론 자손이 대제사장이 되어야 했다. 그런데 그 법을 따르지 않고 '불멸의 생명의 능력을 따라' 예수님이 대제사장이 되셨다. 예수님이 대제사장이 되신 것은 이제 불멸의 생명의 힘을 따른 것이다. 예수님은 이제 모든 믿는 사람들의 영원한 대제사장이시다. 아론 자손 대제사장은 한 시대를 담당하고 죽었지만 예수님은 영원토록 대제사장이 되신다. 아론의 대제사장은 생명을 주는 것이 아니라 상징만 하는 것이다. 제사는 예수 그리스도의 예표일 뿐 그것이 생명을 주는 것이 아니었다. 그러나 예수 그리스도의 대속은 모든 이들에게 생명을 주는 것이다. 그래서 이제 모든 믿는 자에게 생명의 시대가 열렸다.

> **17** 증언하기를 네가 영원히 멜기세덱의 반차를 따르는 제사장이라 하였도다
> **18** 전에 있던 계명은 연약하고 무익하므로 폐하고

17 For the scripture says, "You will be a priest for ever, in the priestly order of Melchizedek."
18 The old rule, then, is set aside, because it was weak and useless.

7:18 전에 있던 계명은...폐하고. 여기에서의 계명은 주로 제사법과 관련된 것을 말한다. 예수님이 자신을 희생양으로 단번에 드림으로 인해 이제 이전의 제사법은 폐기되었다. 이것은 완전히 버리는 폐기가 아니라 이제 과거로 두는 '제쳐 둠'이 바른 표현일 것이다. 과거에는 절대적으로 필요하였으나 대제사장이신 예수님이 오심으로 인해 더 이상 필요 없어졌다. 본체가 오셨기에 그림자는 더이상 필요 없는 것과 같다. 그런데 오늘날 성경의 제사법도 성경안에 기록되어 있다. 그것은 본체를 더 알려주는 것이기 때문에 여전히 성경으로 유효한 것이다. 만약 본체를 알리는 본연의 의무를 하지 않고 제사법만으로 말한다면 그것은 무의미하다. 제사법과 정결법은 그리스도 안에서 성취됨으로 과거에만 유효하게 되었다. 더이상 그것은 전혀 유효하지 않다. 다른 법은 어떨까? 모세오경에는 613가지의 법이 있다. 365가지의 금지(하지 말라)법과 248개의 긍정법(하라)이 있다. '여호와를 사랑하라' '우상 숭배하지 마라' 등 수많은 법을 우리는 여전히 지켜야 한다. 예수님의 새 언약은 그러한 법도 완성하신다. 그것을 더욱 더 풍성하게 만드는 완성이다. 예수님이 오시고 가르치심으로 우리는 하나님을 사랑하는 것과 우상숭배를 하지 않는 것을 더욱더 깊이 이해하게 되고 순종하게 된다.

19 (율법은 아무 것도 온전하게 못할지라) 이에 더 좋은 소망이 생기니 이것으로 우리가 하나님께 가까이 가느니라
19 For the Law of Moses could not make anything perfect. And now a better hope has been provided through which we come near to God.

7:19 이에 더 좋은 소망이 생기니. 이전에 제사법이 좋은 소망이었다. 언약이었다. 그러나 그리스도께서 십자가를 지심으로 그리스도를 예배하는 것이 더 좋은 소망이 되었다. 더 좋은 언약이 되었다. 제사함으로 하나님께 가까이 가는 것이 아니라 그리스도를 예배함으로 하나님께 더 가까이 가게 되었다.

20 또 예수께서 제사장이 되신 것은 맹세 없이 된 것이 아니니
21 (그들은 맹세 없이 제사장이 되었으되 오직 예수는 자기에게 말씀하신 이로 말미암아 맹세로 되신 것이라 주께서 맹세하시고 뉘우치지 아니하시리니 네가 영원히 제사장이라 하셨도다)
20 In addition, there is also God's vow. There was no such vow when the others were made

priests.
21 But Jesus became a priest by means of a vow when God said to him: "The Lord has made a solemn promise and will not take it back: 'You will be a priest for ever.' "

7:21 예수는 자기에게 말씀하신 이로 말미암아 맹세로 되신 것이라. 하나님께서 맹세하여 주심으로 예수님을 통해 주신 모든 것에 대해 더욱더 확증하여 주셨음을 말한다. 예수 그리스도를 통한 언약의 완성은 하나님께서 확실하게 말씀하여 주신 것이다. 맹세로 확증하여 주셨다.

22 이와 같이 예수는 더 좋은 언약의 보증이 되셨느니라
22 This difference, then, also makes Jesus the guarantee of a better covenant.

7:22 보증. 예수님이 더 좋은 소망이 되심은 성경에서 말씀하고 맹세함으로 확증되었다. 또한 무엇보다 더 확실한 것은 예수님 자신이 보증이 되셨다. 예수님이 전하신 말씀과 행하신 일과 부활은 가장 확실한 보증이 된다. 그래서 우리는 세상의 어떤 일보다 새 언약을 더 좋은 언약이요 현실로 받아들이고, 더 큰 소망이 되며 우리의 빛이 됨을 알아야 한다.

23 제사장 된 그들의 수효가 많은 것은 죽음으로 말미암아 항상 있지 못함이로되
23 There is another difference: there were many of those other priests, because they died and could not continue their work.

7:23 제사장 된 그들의 수효가 많은 것은 죽음으로 말미암아. 이스라엘에 대제사장은 한 명이다. 그러나 그들이 죽음에 이르게 되거나 사역을 감당할 수 없으면 다른 대제사장을 세웠다. 그래서 이스라엘 역사에서 대제사장을 다 합하면 아주 많은 숫자가 된다. 그러나 탁월한 대제사장이신 예수님은 달랐다.

24 예수는 영원히 계시므로 그 제사장 직분도 갈리지 아니하느니라
24 But Jesus lives on for ever, and his work as priest does not pass on to someone else.

7:24 예수는 영원히 계시므로. 예수님은 죽지 않으신다. 죽으셨어도 다시 부활하셔서 여전히 대제사장의 역할을 감당하고 계신다. 그래서 영원히 계신 분이다. **그 제사장 직분도 갈리지 아니하느니라.** 그 직분을 다른 사람으로 바꾸지 않는다는 말이다. 예수

님은 죽지 않고 영원하시기 때문에 다른 제사장으로 바꿀 필요가 없다. 예수님은 탁월하고 유일한 대제사장이시다.

> **25** 그러므로 자기를 힘입어 하나님께 나아가는 자들을 온전히 구원하실 수 있으니 이는 그가 항상 살아 계셔서 그들을 위하여 간구하심이라
>
> 25 And so he is able, now and always, to save those who come to God through him, because he lives for ever to plead with God for them.

7:25 자기를 힘입어 하나님께 나아가는 자들을 온전히 구원하실 수 있으니. 예수님은 유일한 중보자이시다. 예수님을 힘입어 죄 사함을 받고 하나님께 나오는 이들을 구원하신다. **그가 항상 살아 계셔서 그들을 위하여 간구하심이라.** '간구(헬, 엔틴카노)'는 '중보하신다'라고 번역하는 것이 더 좋을 것 같다. 예수님은 사람들의 죄를 대속하시고 또한 긍휼히 여기시며 힘을 주셔서 그들이 구원의 길을 갈 수 있도록 중보하신다. 살아계신 분이기에 사람들의 필요를 때에 맞게 아시고 도우신다.

> **26** 이러한 대제사장은 우리에게 합당하니 거룩하고 악이 없고 더러움이 없고 죄인에게서 떠나 계시고 하늘보다 높이 되신 이라
>
> 26 Jesus, then, is the High Priest that meets our needs. He is holy; he has no fault or sin in him; he has been set apart from sinners and raised above the heavens.

7:26 이러한 대제사장은 우리에게 합당하니. 오직 예수님만 우리를 구원하시는 유일한 대제사장이다. 이전의 대제사장은 대제사장의 원형이신 예수님이 오심을 기다리며 일시적으로 제사를 드린 임시 대제사장이다. 그들은 임시적인 제사에 합당한 사람이었지 사람을 구원하는 일에 합당한 사람이 아니다. **하늘보다 높이 되신 이.** '하늘'은 보통 '하나님 나라'를 상징적으로 사용하는 단어다. 이것은 '하늘의 높은 곳에 오르셨다'라는 뜻으로 예수님이 하나님 우편에 앉아 계신 것을 묘사하는 것이다. 그곳에서 세상을 통치하신다. 믿는 자의 구원을 위해 중보하신다.

> **27** 그는 저 대제사장들이 먼저 자기 죄를 위하고 다음에 백성의 죄를 위하여 날마다 제사 드리는 것과 같이 할 필요가 없으니 이는 그가 단번에 자기를 드려 이루셨음이라
>
> 27 He is not like other high priests; he does not need to offer sacrifices every day for his own sins first and then for the sins of the people. He offered one sacrifice, once and for all,

when he offered himself.

7:27 저 대제사장들이 먼저 자기 죄를 위하고. 대제사장들은 죄 많은 한 사람에 불과하다. 그래서 그들은 늘 먼저 자신들의 죄를 위해 제사를 해야 했다. 그들의 제사 사역은 자신들마저 구원하지 못한다. 자신들의 죄에 대해서 제사를 드릴 때도 그것은 상징적인 것일 뿐이다. 오직 예수 그리스도의 대속을 바라볼 뿐이다. **그가 단번에 자기를 드려 이루셨음이라.** 예수님이 십자가에서 자신을 드리실 때 그것은 자신의 죄 때문이 아니다. 그것은 모든 믿는 자의 죄를 한꺼번에 사하시는 제사였다. 그것은 과거와 현재와 미래의 모든 믿는 사람의 모든 죄에 대한 씻음의 제사다. 그것은 예수님이 죄 많은 사람이 아니라 '거룩하고 악이 없고 더러움이 없기' 때문이다. 예수님은 자신의 죄가 없으시다. 그래서 자신의 죄를 씻으실 필요가 없다. 그래서 믿는 모든 이들의 죄를 씻으실 수 있다. '단번에 자기를 드려' 행하셨다. 이전 대제사장들의 제사에서 동물의 피가 죄를 씻을 수 있는 것이 아니다. 그래서 대속죄일에 제사를 드려야 했으며 모든 제사에 죄 씻음이 담겨 있다. 계속 제사함으로 그들은 계속 예수님의 대속을 바라보아야 했다. 그러나 예수님의 죄 씻음은 모든 죄를 씻음이다. 바라봄이 아니다. 그래서 더이상 씻을 죄가 없다. 한 번의 드림으로 모든 죄를 씻으셨다. 탁월한 대제사장이시기 때문이다.

> **28** 율법은 약점을 가진 사람들을 제사장으로 세웠거니와 율법 후에 하신 맹세의 말씀은 영원히 온전하게 되신 아들을 세우셨느니라
> **28** The Law of Moses appoints men who are imperfect to be high priests; but God's promise made with the vow, which came later than the Law, appoints the Son, who has been made perfect for ever.

7:28 약점을 가진 사람들을 제사장으로 세웠거니와. 이전의 대제사장들은 자신들의 죄를 가지고 있는 한 사람에 불과하였다. 그들은 단지 직분만 상징적으로 가지고 있었다. 동물의 피가 죄를 사할 수 없듯이 그들의 대제사장직이 중보자가 될 수 없었다. **율법 후에 하신 맹세의 말씀.** 이것을 표면적으로 보면 '율법'과 '맹세'를 대조하는 것 같으나 그렇지 않다. '율법'즉 언약도 하나님께서 말씀하시고 맹세로 확증하여 주셨다. 그리고 '맹세의 말씀'이라고 표현하고 있는 것은 예수 그리스도 안에서 주시는 새 언약이다. 새 언약 또한 말씀과 맹세로 확증하셨다. 게다가 예수 그리스도의 생애와 부활로 더욱더 확증하여 주셨다. **영원히 온전하게 되신 아들을 세우셨느니라.** 예수님이 이

전에는 온전하지 않으셨다는 뜻이 아니다. 이것은 하나님의 아들이신 분이 사람이 되심으로 사람을 위한 온전한 대제사장이 되심을 말하는 것이다. 성경에서 말하고 있는 메시야는 이 세상에 오심으로 온전하게 되셨다. 메시야는 하늘에 계심으로 되는 것이 아니라 이 땅에 사람이 되심으로 가능하기 때문이다. 그 과정을 밟으셨다는 의미다.

8장

1 지금 우리가 하는 말의 요점은 이러한 대제사장이 우리에게 있다는 것이라 그는 하늘에서 지극히 크신 이의 보좌 우편에 앉으셨으니
1 The whole point of what we are saying is that we have such a High Priest, who sits at the right of the throne of the Divine Majesty in heaven.

8:1 이러한 대제사장이 우리에게 있다는 것이라. 당시 예루살렘에 대제사장이 있었다. 그러나 신앙인에게 그 대제사장이 아니라 다른 탁월한 대제사장이 있음을 지금까지 말하였다. 예수님이 탁월한 대제사장이 되심은 이론이 아니라 실제다. **그는 하늘에서 지극히 크신 이의 보좌 우편에 앉으셨으니.** 이전의 대제사장은 예수님이 오심으로 유효 기간이 끝났다. 그런데 그것을 모르고 예루살렘 성전에서는 여전히 대제사장이 제사를 드리고 있었다. 그러나 그것은 이제 전혀 무의미하다. 신앙인이 바라보아야 하는 것은 '하늘에 계신 대제사장'이다. 하나님 나라에서 하나님의 우편에 앉아 계신다. 예수님이 하나님의 우편에 앉아 계심으로 이전의 어떤 대제사장보다 더 탁월한 대제사장으로서 사역하신다. 신앙인들은 이제 하늘에 계신 대제사장을 통해 하나님께 나가야 한다.

2 성소와 참 장막에서 섬기는 이시라 이 장막은 주께서 세우신 것이요 사람이 세운 것이 아니니라
2 He serves as High Priest in the Most Holy Place, that is, in the real tent which was put up by the Lord, not by human hands.

8:2 참 장막에서 섬기는 이시라 이 장막은 주께서 세우신 것이요. '참 장막'은 하늘(하나님 나라)에 있는 하나님의 임재의 자리를 말한다. 그곳은 이 땅의 성전보다 더 위대한

성전이다. 이 땅의 성전이나 성막은 결국 사람이 세운 것이지만 하늘의 성전은 오직 하나님께서 세우신 것이기 때문이다. 예수님은 바로 하늘의 성전에서 대제사장으로 섬기고 계신다.

> **3** 대제사장마다 예물과 제사 드림을 위하여 세운 자니 그러므로 그도 무엇인가 드릴 것이 있어야 할지니라
> **4** 예수께서 만일 땅에 계셨더라면 제사장이 되지 아니하셨을 것이니 이는 율법을 따라 예물을 드리는 제사장이 있음이라
> **3** Every High Priest is appointed to present offerings and animal sacrifices to God, and so our High Priest must also have something to offer.
> **4** If he were on earth, he would not be a priest at all, since there are priests who offer the gifts required by the Jewish Law.

8:4 예수께서 만일 땅에 계셨더라면 제사장이 되지 아니하셨을 것이니. 예수님은 이 땅에 계실 때 대제사장의 역할을 하지 않으셨다. 동물 제사를 드리지 않으셨다. 오직 자신을 드리는 단 한 번의 제사만 행하셨다. 그리고 하늘에 가셔서 대제사장의 일을 하고 계신다.

> **5** 그들이 섬기는 것은 하늘에 있는 것의 모형과 그림자라 모세가 장막을 지으려 할 때에 지시하심을 얻음과 같으니 이르시되 삼가 모든 것을 산에서 네게 보이던 본을 따라 지으라 하셨느니라
> **5** The work they do as priests is really only a copy and a shadow of what is in heaven. It is the same as it was with Moses. When he was about to build the Sacred Tent, God said to him, "Be sure to make everything according to the pattern you were shown on the mountain."

8:5 그들이 섬기는 것은 하늘에 있는 것의 모형과 그림자라. 이 땅의 성전은 하늘 성전의 모형이요 그림자다. 이 땅의 성전 대제사장은 하늘의 성전 대제사장의 모형과 그림자다. 그러니 이 땅에서 신앙인은 더이상 모형과 그림자에 의해 중보될 것이 아니라 하늘에 계신 탁월한 대제사장의 중보로 하나님께 가까이 가야 한다. 우리에게 참 대제사장이 있다는 것을 기억해야 한다. 히브리서를 처음 읽은 사람들이나 지금 이 시대의 우리들이나 다 마찬가지다. 예수님은 하늘의 성전에서 대제사장의 일을 하고 계신다. 그러니 우리는 대제사장의 일을 하시는 예수님을 통해 하나님께 더 가까이 가야 한다.

6 그러나 이제 그는 더 아름다운 직분을 얻으셨으니 그는 더 좋은 약속으로 세우신 더 좋은 언약의 중보자시라

6 But now, Jesus has been given priestly work which is superior to theirs, just as the covenant which he arranged between God and his people is a better one, because it is based on promises of better things.

8:6 더 아름다운 직분을 얻으셨으니. 예수님은 이전의 대제사장과 비교되지 않는 탁월한 대제사장으로 세움을 받으셨다. 그러기에 이전에 이스라엘 백성들이 대제사장을 통해 하나님께 나가는 것보다 훨씬 더 탁월하게 예수 그리스도를 통해 하나님께 더 가까이 갈 수 있다.

7 저 첫 언약이 무흠하였더라면 둘째 것을 요구할 일이 없었으려니와

7 If there had been nothing wrong with the first covenant, there would have been no need for a second one.

8:7 첫 언약이 무흠하였더라면. 첫 언약은 흠이 있었다. 어떤 면에서 그럴까? 이스라엘 백성들이 첫 언약을 깨트렸다. 그것은 언약이 흠이 있는 것이 아니라 그것을 지키는 사람이 흠이 있는 것이다. 또한 첫 언약에서 흠이 있다면 무엇일까? 첫 언약은 두 번째 언약을 담고 있다. 만약 새 언약이 없다면 첫 언약은 무의미하다. 그런 면에서 흠이 있다. 첫 언약에서 제사법을 말한다. 그런데 만약 예수님이 십자가를 지지 않으셨다면 동물의 피가 무슨 효력이 있겠는가? 그러기에 첫 언약은 흠이 있다.

8 그들의 잘못을 지적하여 말씀하시되 주께서 이르시되 볼지어다 날이 이르리니 내가 이스라엘 집과 유다 집과 더불어 새 언약을 맺으리라

8 But God finds fault with his people when he says: "The days are coming, says the Lord, when I will draw up a new covenant with the people of Israel and with the people of Judah.

8:8 내가 이스라엘 집과 유다 집과 더불어 새 언약을 맺으리라. 하나님께서 이스라엘 백성이 언약을 어길 때마다 새 언약을 맺으셨다. 바벨론에 멸망할 때도 심각하게 언약을 파괴하였다. 그래서 예레미야를 통해 새 언약을 말씀하셨다. 그런데 그 언약은 이제 근본적인 새 언약과 이어진다.

9 또 주께서 이르시기를 이 언약은 내가 그들의 열조의 손을 잡고 애굽 땅에서

인도하여 내던 날에 그들과 맺은 언약과 같지 아니하도다 그들은 내 언약 안에 머물러 있지 아니하므로 내가 그들을 돌보지 아니하였노라

10 또 주께서 이르시되 그 날 후에 내가 이스라엘 집과 맺을 언약은 이것이니 내 법을 그들의 생각에 두고 그들의 마음에 이것을 기록하리라 나는 그들에게 하나님이 되고 그들은 내게 백성이 되리라

9 It will not be like the covenant that I made with their ancestors on the day I took them by the hand and led them out of Egypt. They were not faithful to the covenant I made with them, and so I paid no attention to them.

10 Now, this is the covenant that I will make with the people of Israel in the days to come, says the Lord: I will put my laws in their minds and write them on their hearts. I will be their God, and they will be my people.

8:10 내 법을 그들의 생각에 두고 그들의 마음에 이것을 기록하리라. 새 언약은 많은 면에 있어 이전의 언약과 별개의 '다른 언약'이 아니다. 이전 언약의 갱신이다. 성취다. 이전 언약을 사람들이 쉽게 깨트렸다. 그러나 예수님이 주시는 새 언약은 더욱더 강력한 사랑에 근거한다. 그래서 사람들은 그것을 피상으로 두지 않고 '생각'과 '마음'에 두게 된다. 내면화다. 말씀을 늘 생각하고 사랑하게 된다. 새 언약을 가진 신앙인들은 말씀을 생각하면서 살아야 한다. 말씀을 더 알아가는 것을 기뻐하고 그것에 순종하는 것을 행복으로 삼고 살아야 한다. 그것이 새 언약의 특징이다. **나는 그들에게 하나님이 되고 그들은 내게 백성이 되리라.** 새 언약은 예수님의 성육신에 근거한 놀라운 사랑과 율법의 완성에 방점이 있다. 성육신은 하나님께서 그 백성을 얼마나 사랑하셨는지를 분명하게 증거한다. 그 백성도 성육신의 사랑에 놀라운 사랑으로 응답하게 된다. 그래서 친밀한 관계가 된다. 죽음으로 사랑한 관계가 된다.

11 또 각각 자기 나라 사람과 각각 자기 형제를 가르쳐 이르기를 주를 알라 하지 아니할 것은 그들이 작은 자로부터 큰 자까지 다 나를 앎이라

11 None of them will have to teach their fellow-citizens or say to their fellow-citizens, 'Know the Lord.' For they will all know me, from the least to the greatest.

8:11 작은 자로부터 큰 자까지 다 나를 앎이라. 제사법 같은 경우 성전에 가까운 사람은 자주 제사할 수 있었지만 멀리 있는 사람은 자주 올 수 없었다. 또한 절차가 까다로웠다. 그러나 성육신을 근거로 한 새 언약은 그러한 제사법이 끝나고 어디에서든 새로운 대제사장 예수님을 통해 하나님께 나갈 수 있게 되었다. 십자가는 어렵지 않다. 그래서 새 언약은 보편성을 가지게 된다.

12 내가 그들의 불의를 긍휼히 여기고 그들의 죄를 다시 기억하지 아니하리라 하셨느니라

13 새 언약이라 말씀하셨으매 첫 것은 낡아지게 하신 것이니 낡아지고 쇠하는 것은 없어져 가는 것이니라

12 I will forgive their sins and will no longer remember their wrongs."

13 By speaking of a new covenant, God has made the first one old; and anything that becomes old and worn out will soon disappear.

8:12 옛 언약의 제사법에서 '죄 씻음'은 사실 상징적인 것이었다. 그러나 새 언약은 실제로 씻는 것이다. **그들의 죄를 다시 기억하지 아니하리라.** 죄가 씻겨졌기 때문에 죄가 더이상 그 사람을 옭아매지 못한다. 탁월한 대제사장 예수님이 새 언약으로 그 백성 가운데 일하신다. 신앙인은 예수님의 대제사장 사역에 생각과 마음을 열어야 한다. 응답해야 한다.

9장

1 첫 언약에도 섬기는 예법과 세상에 속한 성소가 있더라

1 The first covenant had rules for worship and an earthly place for worship as well.

9:1 첫 언약...성소가 있더라. 첫 언약에서 말하는 성소는 참으로 거룩한 곳이다. 하나님의 백성이 예배하는 곳이다. 그러나 그 성전은 '첫 언약'으로서만 유효하다.

2 예비한 첫 장막이 있고 그 안에 등잔대와 상과 진설병이 있으니 이는 성소라 일컫고

2 A Tent was put up, the outer one, which was called the Holy Place. In it were the lampstand and the table with the bread offered to God.

9:2 헤롯 성전은 참으로 화려하였다. 크고 웅장하였다. 그러나 성전은 크고 웅장함이 아니라 '성소와 지성소'가 중요하였다. 그래서 그것에 대해서 말한다. **첫 장막.** 성소를 말한다. **등잔대와 상과 진설병이 있으니.** 성소 안에는 등잔대가 있고 임재의 빵을 두는 상이 있었다. 이 두 가지는 아주 중요하였다. 그래서 성소 안에 두었다.

3 또 둘째 휘장 뒤에 있는 장막을 지성소라 일컫나니

3 Behind the second curtain was the Tent called the Most Holy Place.

9:3 둘째 휘장. 성전에 휘장이 두 개 있다. 외부와 성소 사이에 있는 것과 지성소와 성소 사이에 있는 것이 있다. 둘째 휘장은 지성소를 들어갈 때 만나는 휘장을 의미한다.

4 금 향로와 사면을 금으로 싼 언약궤가 있고 그 안에 만나를 담은 금 항아리와 아론의 싹난 지팡이와 언약의 돌판들이 있고

4 In it were the gold altar for the burning of incense and the Covenant Box all covered with gold and containing the gold jar with the manna in it, Aaron's stick that had sprouted leaves, and the two stone tablets with the commandments written on them.

9:4 금향로...언약궤가 있고. 이 표현에서 조금 이상한 것은 '금향로'는 '분향단'을 의미하는 것으로서 성소에 있는 것인데 마치 지성소에 있는 것처럼 말한다는 것이다. 아마 금 분향단이 지성소 바로 앞에 있기 때문으로 보인다. 분향단은 성소와 지성소를 이어주는 역할을 하는 것으로 보인다. **언약궤...금 항아리와 아론의 싹난 지팡이와 언약의 돌판들이 있고.** 헤롯 성전에는 사실 이런 것들이 없었다. 이미 솔로몬 성전이 무너질 때 사라졌다. 그러기에 지상의 성전이 얼마나 많은 한계를 가지고 있는지를 볼 수 있다. 그러나 여전히 언약궤 없는 지성소가 가능했던 것은 사실 그 언약궤마저도 상징이기 때문이다. 그것이 하나님께서 임재하시는 물리적인 절대조건이 아니라는 것이다.

5 그 위에 속죄소를 덮는 영광의 그룹들이 있으니 이것들에 관하여는 이제 낱낱이 말할 수 없노라

5 Above the Box were the winged creatures representing God's presence, with their wings spread over the place where sins were forgiven. But now is not the time to explain everything in detail.

9:5 속죄소를 덮는 영광의 그룹들이 있으니. 언약궤를 덮는 속죄소(임재의 자리)가 있고 속죄소 위 양쪽으로 '그룹'이 날개로 속죄소를 덮고 있다. 이 또한 헤롯 성전에는 없었다.

6 이 모든 것을 이같이 예비하였으니 제사장들이 항상 첫 장막에 들어가 섬기는 예식을 행하고

6 This is how those things have been arranged. The priests go into the outer Tent every day to perform their duties,

9:6 제사장들이 항상 첫 장막에 들어가 섬기는 예식을 행하고. '첫 장막'은 성소를 의미한다. '장막의 첫 부분' '외부 장막'이라고 말하기도 한다. 제사장들은 매일 성소로 들어가 섬겼다.

7 오직 둘째 장막은 대제사장이 홀로 일 년에 한 번 들어가되 자기와 백성의 허물을 위하여 드리는 피 없이는 아니하나니
7 but only the High Priest goes into the inner Tent, and he does so only once a year. He takes with him blood which he offers to God on behalf of himself and for the sins which the people have committed without knowing they were sinning.

9:7 둘째 장막은 대제사장이 홀로 일 년에 한 번 들어가되. '둘째 장막'은 지성소를 의미하며 '장막의 두 번째 부분' 또는 '안쪽 장막'이라고 말하기도 한다. 지성소는 하나님의 임재의 자리다. 하나님의 백성들이 모두 그곳에 들어갈 수 있어야 한다. 하나님은 그 백성과 친밀하기를 원하시기 때문이다. 그러나 백성들은 죄로 인하여 지성소로 들어갈 수 없었다. 오직 대제사장만 일 년에 한 번 들어갈 수 있었다. **자기와 백성의 허물을 위하여 드리는 피 없이는 아니하나니.** 한 번 들어가는 그때는 일 년에 한 번 만나기에 기뻐하며 얼싸안는 모습이 아니다. 지성소를 활짝 열고 모든 백성이 만나는 것도 아니다. 오직 대제사장만 들어갔다. '피' 없이는 들어가지 못하였다. 사실 오직 '피'를 뿌리기 위해 들어갔다. 그 모습은 죄로 인하여 만나지 못하는 것에 대한 아픔의 모습이다. 죄를 아파하고 죄를 씻기 원하는 모습이다. 그렇게 죄를 씻어도 여전히 백성들은 지성소에 들어가지 못하였다. 그 죄 씻음은 사실 온전한 것이 되지 못하였기 때문이다. 동물의 피가 사람의 죄를 온전히 다 씻을 수 없다.

8 성령이 이로써 보이신 것은 첫 장막이 서 있을 동안에는 성소에 들어가는 길이 아직 나타나지 아니한 것이라
8 The Holy Spirit clearly teaches from all these arrangements that the way into the Most Holy Place has not yet been opened as long as the outer Tent still stands.

9:8 첫 장막이 서 있을 동안에는 성소에 들어가는 길이 아직 나타나지 아니한 것이라. 장막이나 건물 성전이 있는 동안에는 일반 사람이 하나님의 임재의 자리인 지성소에 들

어가는 길이 막혀 있다는 것을 의미한다. 건물 성전 동안에는 계속 이렇게 해야 한다. 오직 대제사장만 일 년에 한 번 들어갈 수 있었다. 그가 백성들을 대표하는 것이기는 하지만 이것은 사실 하나님께 가는 길이 많은 부분 막혀 있다는 것을 의미한다.

> **9** 이 장막은 현재까지의 비유니 이에 따라 드리는 예물과 제사는 섬기는 자를 그 양심상 온전하게 할 수 없나니
> **9** This is an illustration which points to the present time. It means that the offerings and animal sacrifices presented to God cannot make the worshipper's heart perfect,

9:9 이 장막은 현재까지의 비유니. '이 장막은 현재를 위한 비유이니'라고 번역하는 것이 더 좋을 것 같다. 이것을 통해 우리는 무엇이 중요한지를 알 수 있다. **예물과 제사는 섬기는 자를 그 양심상 온전하게 할 수 없나니.** 건물 성전에서의 제사는 '양심을 온전하게' 깨끗이 할 수 없다. 그래서 그렇게 조심스럽게 제사를 드리기는 하지만 여전히 죄의 영향이 짙게 배여 있다. 그래서 대제사장이 지성소에 들어가 피를 뿌려도 여전히 백성들은 지성소에 들어갈 수 없다. 대제사장도 다음 대속죄일이 아니고는 들어갈 수 없다. 다시 하나님의 충만한 임재와 생이별을 해야 한다. 동물의 피를 뿌리는 것만으로는 온전한 거룩함을 이룰 수 없기 때문이다.

> **10** 이런 것은 먹고 마시는 것과 여러 가지 씻는 것과 함께 육체의 예법일 뿐이며 개혁할 때까지 맡겨 둔 것이니라
> **10** since they have to do only with food, drink, and various purification ceremonies. These are all outward rules, which apply only until the time when God will establish the new order.

9:10 육체의 예법일 뿐. 제사법은 매우 엄숙해야 한다. 거룩했다. 그러나 예수님을 제물로 드려지기 전까지의 '육체의 예법' 또는 '외적인 규정'일 뿐이다. **개혁할 때까지 맡겨 둔 것이니라.** '새 언약이 올 때까지 부과된 것이다'라는 뜻이다. 새 언약이 올 때까지 임시로 하는 일이다. 대제사장이신 예수님이 오셔서 모든 이들의 죄를 사하는 진짜 희생 제물인 자신을 드림으로 새 언약이 이루어진다. 그러면 제사법은 끝이다.

> **11** 그리스도께서는 장래 좋은 일의 대제사장으로 오사 손으로 짓지 아니한 것 곧 이 창조에 속하지 아니한 더 크고 온전한 장막으로 말미암아
> **11** But Christ has already come as the High Priest of the good things that are already here.

The tent in which he serves is greater and more perfect; it is not a tent made by human hands, that is, it is not a part of this created world.

9:11 그리스도께서는 장래 좋은 일의 대제사장으로 오사. 건물 성전이 하던 일은 옛 언약으로 끝나고 그리스도께서 오심으로 더 좋은 일이 시작되었다. 히브리서를 쓰고 있던 당시 예루살렘에는 건물 성전이 있었다. 그때에도 신앙인은 건물 성전에 갈 필요가 없었다. 건물 성전이 아무리 화려하여도 그곳이 아니라 사람 성전(교회)이 하나님을 더 충만하게 만날 수 있는 곳이 되었다. 몇 년 후에 예루살렘 성전이 무너질 것이다. 그러나 그것은 사실 성전이 무너진 것이 아니다. 정확하게는 성전이 아닌 건물이 무너진 것이다. 예루살렘 성전의 무너짐은 이전에 바벨론에 의해 솔로몬 성전이 무너진 것과는 차원이 다르다. 솔로몬 성전이 무너졌을 때는 참으로 슬퍼하고 성전이 다시 건축되길 원하여야 했다. 그러나 예루살렘 성전이 무너진 것은 믿음의 역사에서 큰 의미가 없다. 과거 유적이 무너진 것에 불과하다. 오늘날에도 제3성전을 지으려고 하는 유대인들에 동조하여 제3성전을 지어야 한다는 기독교인 무리들이 있는데 그들은 성전의 개념을 전혀 모르기 때문에 하는 말이다. **손으로 짓지 아니한...온전한 장막으로 말미암아.** 예수님이 대제사장으로 봉사하시는 성전은 이 땅에 있지 아니하고 하늘에 있다. 하나님 나라(하늘)가 성전이다. 그리고 이 땅의 교회(하나님을 믿는 사람 공동체)는 하나님 나라가 이 땅에 이루어기기까지 특별히 임시적인 성전이 된다. 이 성전은 건물 성전과 다르다. 겉 모습은 화려하지 않지만 건물 성전보다 더 성전의 원형에 가깝다.

12 염소와 송아지의 피로 하지 아니하고 오직 자기의 피로 영원한 속죄를 이루사 단번에 성소에 들어가셨느니라
12 When Christ went through the tent and entered once and for all into the Most Holy Place, he did not take the blood of goats and bulls to offer as a sacrifice; rather, he took his own blood and obtained eternal salvation for us.

9:12 염소와 송아지의 피. 이것은 대속죄일에 속죄제를 드릴 때 희생제물이다. "또 백성을 위한 속죄제 염소를 잡아 그 피를 가지고 휘장 안에 들어가서 그 수송아지 피로 행함 같이 그 피로 행하여 속죄소 위와 속죄소 앞에 뿌릴지니"(레 16:15) 암송아지 피는 대제사장 자신을 위해서, 그리고 염소 피는 다른 사람들을 위해서 그 피로 속죄 의식을 행해야 한다. 그런데 예수님은 그러한 동물의 피가 아니라 '자기의 피'로 영원한 속죄를 이루셨다 말한다. 자신의 죄가 아니라 모든 믿는 사람들을 위한 속죄의 피다.

13 염소와 황소의 피와 및 암송아지의 재를 부정한 자에게 뿌려 그 육체를 정결하게 하여 거룩하게 하거든

13 The blood of goats and bulls and the ashes of a burnt calf are sprinkled on the people who are ritually unclean, and this purifies them by taking away their ritual impurity.

9:13 그 육체를 정결하게 하여 거룩하게 하거든. 첫 언약의 법에 따라 동물의 피를 뿌릴 때 거룩해졌다. 그래서 피를 뿌려야 했다. 그러나 그 거룩은 제한적이다. 그것은 온전한 거룩이 아니라 바라봄의 거룩이다. 만약 예수 그리스도의 피가 없으면 모든 것이 취소다. 그래서 그 효력에 있어서도 제한적이다. 그러나 중요한 것은 그 시대에 그것을 통해 사람들이 거룩해졌다는 사실이다. 그래서 사람들은 늘 그렇게 제사를 드렸다.

14 하물며 영원하신 성령으로 말미암아 흠 없는 자기를 하나님께 드린 그리스도의 피가 어찌 너희 양심을 죽은 행실에서 깨끗하게 하고 살아 계신 하나님을 섬기게 하지 못하겠느냐

14 Since this is true, how much more is accomplished by the blood of Christ! Through the eternal Spirit he offered himself as a perfect sacrifice to God. His blood will purify our consciences from useless rituals, so that we may serve the living God.

9:14 하물며. 동물의 피와 그리스도의 피를 비교하기 위해 사용한 단어다. 그리스도의 피는 동물의 피에 비해 '얼마나 더 위대한지'에 대해 말하기 위해서다. **영원하신 성령으로 말미암아 흠 없는 자기를 하나님께 드린 그리스도의 피.** 그리스도께서 피 흘리시는 그 순간은 자신이 희생제물이 되시는 순간이기 때문에 '성령'을 임시로 대제사장 삼으셨다. 그래서 성령으로 말미암아 그리스도의 피가 하나님 아버지께 드려졌다. 삼위일체 하나님의 놀라운 사역이다. **너희 양심을 죽은 행실에서 깨끗하게 하고 살아 계신 하나님을 섬기게 하지 못하겠느냐.** 동물의 피의 씻음은 외적인 면이 많다. 그러나 예수 그리스도의 피는 모든 면을 담고 있다. 그리스도의 피를 어찌 기계적으로 사용할 수 있겠는가? 그리스도의 피를 사용하시는 사람은 '양심을 죽은 행실에서 깨끗하게' 하는 역할을 할 것이다. 이제 양심이 살아나서 선한 행동을 하게 되고 하나님을 예배하게 된다. 그리스도의 피는 동물의 피보다 탁월하게 훌륭하다. 그러니 우리를 탁월하게 하나님께 더 가까이 가게 한다. 탁월하게 우리를 거룩하게 한다.

15 이로 말미암아 그는 새 언약의 중보자시니 이는 첫 언약 때에 범한 죄에서 속량하려고 죽으사 부르심을 입은 자로 하여금 영원한 기업의 약속을 얻게 하

려 하심이라

15 For this reason Christ is the one who arranges a new covenant, so that those who have been called by God may receive the eternal blessings that God has promised. This can be done because there has been a death which sets people free from the wrongs they did while the first covenant was in force.

9:15 새 언약의 중보자시니. 죄 씻음의 면에 있어 철저히 그림자였던 옛 언약을 새 언약으로 대치하셨다. 그리스도의 피 아래에서 옛 언약은 완전히 성취되고 풍성해졌다. **첫 언약 때의 범한 죄에서 속량하려고.** 첫 언약의 동물의 피는 결코 속량이 아니다. 상징이다. 그런데 그리스도의 피로 속량이 이루어졌다. 이제 죄에 대해 당당해질 수 있게 되었다. **영원한 기업의 약속을 얻게 하려 하심이라.** 죄 씻음을 얻었기에 이제 하나님께서 약속하신 영원한 나라를 소망할 수 있게 되었다. 영원한 나라를 꿈꾸면서 살 수 있게 되었다. 분명히 영원한 나라에 살게 될 것이다.

16 유언은 유언한 자가 죽어야 되나니

16 In the case of a will it is necessary to prove that the person who made it has died,

9:16 유언. 갑자기 '유언'에 대해 말한다. 이 단어는 앞에서는 계속 '언약'으로 번역한 단어다. 둘 다 가능하다. '죽은 후에 유효'하다는 것 때문에 유언으로 번역하지만 너무 생뚱맞다. '언약'으로 번역하는 것이 더 나을 것 같다. 의미는 둘 다 같다. '동물의 피'이든 '그리스도의 피'이든 피는 죽음으로 효력이 발생한다. 그 피는 헌혈을 하듯이 조금 빼는 것이 아니다. 피의 제사라는 것은 '죽음의 제사'를 의미한다. 생명을 바친 것을 의미한다.

17 유언은 그 사람이 죽은 후에야 유효한즉 유언한 자가 살아 있는 동안에는 효력이 없느니라
18 이러므로 첫 언약도 피 없이 세운 것이 아니니
19 모세가 율법대로 모든 계명을 온 백성에게 말한 후에 송아지와 염소의 피 및 물과 붉은 양털과 우슬초를 취하여 그 두루마리와 온 백성에게 뿌리며
20 이르되 이는 하나님이 너희에게 명하신 언약의 피라 하고

17 for a will means nothing while the person who made it is alive; it comes into effect only after his death.
18 That is why even the first covenant came into effect only with the use of blood.
19 First, Moses proclaimed to the people all the commandments as set forth in the Law. Then he took the blood of bulls and goats, mixed it with water, and sprinkled it on the book

of the Law and all the people, using a sprig of hyssop and some red wool.
20 He said, "This is the blood which seals the covenant that God has commanded you to obey."

9:20 하나님이 너희에게 명하신 언약의 피. 언약에서 피가 나오는 것은 그것이 생명을 걸고 하는 약속이기 때문이다. 그 언약을 깨트리면 죽음으로 갚아야 한다.

21 또한 이와 같이 피를 장막과 섬기는 일에 쓰는 모든 그릇에 뿌렸느니라
22 율법을 따라 거의 모든 물건이 피로써 정결하게 되나니 피흘림이 없은즉 사함이 없느니라
21 In the same way Moses also sprinkled the blood on the Sacred Tent and over all the things used in worship.
22 Indeed, according to the Law almost everything is purified by blood, and sins are forgiven only if blood is poured out.

9:22 피흘림이 없은즉 사함이 없느니라. 약속은 '피의 약속'이다. 그리고 그것을 어겼으면 피로 갚아야 한다. 그래서 피로 제사를 드리는 것이다. 그런데 어찌 동물의 피가 사람의 피를 대신할 수 있겠는가? 그것은 100원으로 100만원을 갚는다고 말하는 것과 같다. 그러기에 동물의 피는 동물의 피 자체가 아니라 그것이 상징하고 있는 것이 있어야만 가능하다.

대제사장으로 오신 그리스도는 자신의 피로 우리의 죄를 씻으셨다. 그것은 100억으로 100만원의 죄를 갚아주신 것보다 더 크게 갚아주신 것이다. 그래서 그리스도의 피는 어떤 사람의 죄라 할지라도 씻기에 합당하다.

사람 대제사장이 뿌리는 피로 죄 씻음을 얻은 사람들은 그것이 상징적인 것이기 때문에 여전히 지성소로 가지 못하였다. 대제사장마저도 지성소에 일 년에 한 번 들어갈 수 있었다. 죄 씻음을 받았지만 온전하지 못하고 매우 제한적이어서 먼 발치에서 하나님을 바라보기만 하는 것이다. 그러나 그리스도의 피로 죄 씻음을 받은 것은 완전히 다르다. 그리스도의 피로 죄 씻음을 받은 것은 온전한 죄 씻음이다. 과한 죄 씻음이다. 그래서 이제 하나님과 신앙인 사이의 죄는 완전히 사라졌다. 성소와 지성소 사이의 휘장이 찢어졌다. 그리고 사실 마당에서 성소로 들어가는 휘장도 찢어진 것이다. 모든 휘장이 찢어졌다. 이제 하나님과 사람을 가로 막는 것은 없다. 언제든지 매우 가까이 하나님을 만날 수 있게 되었다. 하나님을 예배할 수 있게 되었다. 오늘날 우리들이 예배하는 순간은 지성소에서 대제사장이 하나님을 만날 때보다 더 탁월하게 더 크고 실제적인 만남이다. 죄가 씻어졌기 때문이다.

23 그러므로 하늘에 있는 것들의 모형은 이런 것들로써 정결하게 할 필요가 있었으나 하늘에 있는 그것들은 이런 것들보다 더 좋은 제물로 할지니라
23 Those things, which are copies of the heavenly originals, had to be purified in that way. But the heavenly things themselves require much better sacrifices.

9:23 하늘에 있는 것들의 모형은 이런 것들로써 정결하게 할 필요가 있었으나. '하늘에 있는 것들의 모형'은 세상에 있는 건물 성전을 말한다. '이런 것들로써'는 '송아지와 염소 피'를 의미한다. 이 땅의 대제사장은 대속죄일에 속죄소 안에서부터 그 피를 뿌려 정결하게 하였다. **하늘에 있는 그것들은 이런 것들보다 더 좋은 제물로 할지니라.** 탁월한 대제사장이신 예수님도 일하신다. '하늘에 있는 그것들은'은 하늘 성전을 의미한다. 아마 하늘(하나님 나라) 전체를 의미할 것이다. '더 좋은 제물'은 '그리스도의 피'를 의미한다. 예수님은 자신의 피로 하늘을 정결하게 하셨다. 하늘 성전을 정결하게 한다는 것은 무엇을 의미할까? 지상의 건물 성전에서 지성소의 속죄소를 피로 씻는다는 것은 속죄소가 문제가 있는 것이 아니라 그 앞에서 살아가는 사람들의 죄 때문이다. 속죄소를 깨끗이 한다는 것은 곧 그 앞에 서야 하는 사람들의 죄를 씻는 것을 의미한다. 그것처럼 하늘을 깨끗이 한다는 것은 하늘 앞에 서야 하는 사람들의 죄를 씻는다는 것을 의미한다. 사람들의 죄 때문에 하늘에서 하나님께서 보실 때 사람들은 추한 모습이다. 보기도 싫은 모습이다. 그런데 예수님께서 피 흘리심으로 인해 세상의 사람들은 이제 사랑스러운 존재가 되었다. 죄를 씻었기 때문이다. **더 좋은 제물.** 동물의 피는 일 년만 유효하였다. 그것도 온전하지 못하기에 사람들은 여전히 지성소에 들어갈 수 없었다. 그러나 더 좋은 제물로 하늘 성전에 뿌림으로 모든 백성들도 언제든지 하나님께 가까이 갈 수 있게 되었다.

24 그리스도께서는 참 것의 그림자인 손으로 만든 성소에 들어가지 아니하시고 바로 그 하늘에 들어가사 이제 우리를 위하여 하나님 앞에 나타나시고
24 For Christ did not go into a Holy Place made by human hands, which was a copy of the real one. He went into heaven itself, where he now appears on our behalf in the presence of God.

9:24 그리스도께서...하늘에 들어가사. 예수님의 대제사장 사역 장소는 건물 성전이 아니라 하늘 성전이다. **우리를 위하여 하나님 앞에 나타나시고.** 예수님은 하나님 앞에서 우리를 위해 일하신다. 건물 성전에서 대제사장이 그 백성을 위해 일한 것과 비교되지 않는 탁월함으로 일하신다.

25 대제사장이 해마다 다른 것의 피로써 성소에 들어가는 것 같이 자주 자기를 드리려고 아니하실지니

26 그리하면 그가 세상을 창조한 때부터 자주 고난을 받았어야 할 것이로되 이 제 자기를 단번에 제물로 드려 죄를 없이 하시려고 세상 끝에 나타나셨느니라

25 The Jewish High Priest goes into the Most Holy Place every year with the blood of an animal. But Christ did not go in to offer himself many times,

26 for then he would have had to suffer many times ever since the creation of the world. Instead, now when all ages of time are nearing the end, he has appeared once and for all, to remove sin through the sacrifice of himself.

9:26 단번에 제물로 드려 죄를 없이 하시려고. 건물 성전에서 대제사장은 해마다 속죄 예식을 행하였다. 그렇게 해야만 했다. 그러나 예수님은 한 번 십자가에서 자신을 제물로 피를 흘리심으로 모든 죄를 사하셨다. 탁월한 사역이다. **죄를 없이 하시려고.** 건물 성전에서 속죄 제물인 동물의 피는 죄를 없이 하지 못하고 상징적으로만 나타냈다. 오직 예수님의 피만 모든 죄를 없앤다. 죄를 없애는 일은 세상에 아무것도 없다. 감옥에 간다고 죄가 없어지는 것이 아니다. 많은 돈으로 갚는다고 없어지는 것이 아니다. 죄는 누군가에게 해를 끼치는 것일 뿐만 아니라 더 크게는 자신의 창조 목적을 벗어나 자기 자신을 해치는 것이다. 무엇보다 하나님을 반역하는 것이다. 모든 죄가 그렇다. 그러기에 어떤 죄든 어떤 방식으로도 없어지지 않는다. 오직 고귀한 예수 그리스도의 피로만 없어진다. 예수님은 바로 그 일을 위해 성육신 하셨다. 그 일을 위해 이 땅에 오셨고 십자가를 지셨다.

27 한 번 죽는 것은 사람에게 정해진 것이요 그 후에는 심판이 있으리니

27 Everyone must die once, and after that be judged by God.

9:27 한 번 죽는 것은 사람에게 정해진 것이요. '정해진 것'은 '따로 떼어 놓다' '예약하다' 등의 의미다. 이 땅을 살면서 때로는 자신의 죽음에 대해 생각하지 않지만 죽음은 이미 정해진 것이다. 사람이 구원을 받아야 한다는 것을 가장 분명하게 보여주는 것은 죽음이다. 이 땅에서 아무리 만족하게 살아도 죽음에 이르게 된다. 그래서 슬프다. 절규한다. 사람에게 구원이 필요함을 느끼게 된다. 죽음이 이 세상을 덮은 이유가 무엇인가? 죄 때문이다. 죄 때문에 죽음이 온 것이기 때문에 사람들은 죽음에 대해 두려움을 가지고 있다. 사실 죽음은 사람들이 생각하는 것보다 훨씬 그 이상의 것이다. 우리가 생각으로 아는 것보다 본능이 그것을 더 잘 알아 두려워하는 것이다. 죽음은 철저히 죄 때문이다. 죄는 사실 엄청 큰 재앙이다. 그래서 죽음에는 상상을 넘는

무거움이 있다. **그 후에는 심판이 있으리니.** 죽음은 그것으로 끝이 아니다. 죽음을 초래한 죄에 대해 엄중하게 살펴 판단하는 심판이 있다. 죽음이 죄 때문이기에 심판도 죄에 대한 심판이다. 죄에 대한 심판과 형벌을 무엇으로 설명할 수 있을까? 이 세상에서 사는 것이 힘들면 사람들은 '사는 것이 지옥이다'라고 말한다. 그러나 죽음 이후 죄를 짊어지고 펼쳐질 지옥의 삶은 진짜 말로 형용할 수 없을 것이다.

> **28** 이와 같이 그리스도도 많은 사람의 죄를 담당하시려고 단번에 드리신 바 되셨고 구원에 이르게 하기 위하여 죄와 상관 없이 자기를 바라는 자들에게 두 번째 나타나시리라
>
> **28** In the same manner Christ also was offered in sacrifice once to take away the sins of many. He will appear a second time, not to deal with sin, but to save those who are waiting for him.

9:28 죄를 담당하시려고. 27-28절은 한 문장이며 수없이 많은 강조로 되어 있다. 전체가 강조라고 하여도 될 만큼 강조로 가득하다. 27절 전체는 28절과 비교이고 또한 27절이 이유가 되기도 한다. 사람이 한 번 죽는 것이 정해진 것처럼 예수님도 죽으셨다. 그러나 그것은 '죽고 또 심판을 받게 되어 있는' 사람을 구원하기 위하여 죽으신 것이다. **구원에 이르게 하기 위하여.** 예수님은 사람들의 죄를 담당하셨다. 그것은 사람들의 구원을 위한 것이다. '구원'은 건물 성전의 대제사장은 결코 어떤 상징으로도 나타내지 못했던 일이다. 예수님이 오셔서 대속하심으로 사람들의 운명인 '죽음-죄'의 사슬이 끊어졌다. 믿음으로 응답하는 사람에게는 구원이 있다. 아주 놀라운 일이다. 예수님이 우리의 구원을 위해 지금도 일하신다. 믿음으로 구원에 이르니 우리의 믿음을 위해 일하신다. 우리는 믿음을 위해 무엇을 하고 있는가? 우리도 죽을 힘을 다해 십자가를 지는 마음으로 믿음을 위해 일해야 한다. **구원에 이르게 하기 위하여 죄와 상관없이 자기를 바라는 자들에게 두 번째 나타나시리라.** 예수님은 지금 하늘 성전에서 일하신다. 모든 것의 목적은 우리의 구원이다. 두 번째 오실 때는 그 구원의 완성을 위해 오신다. 이때 '죄와 상관없이'에 해당하는 사람은 복된 사람이다. 그리스도의 대속의 은혜로 인하여 이미 죄 씻음을 받았다는 것이 얼마나 큰 행복인지를 알게 될 것이다.

10장

1 율법은 장차 올 좋은 일의 그림자일 뿐이요 참 형상이 아니므로 해마다 늘 드리는 같은 제사로는 나아오는 자들을 언제나 온전하게 할 수 없느니라
1 The Jewish Law is not a full and faithful model of the real things; it is only a faint outline of the good things to come. The same sacrifices are offered for ever, year after year. How can the Law, then, by means of these sacrifices make perfect the people who come to God?

10:1 율법은 장차 올 좋은 일의 그림자일 뿐. 특별히 제사 율법이 더욱 그러하다. 그동안 그림자로서 역할을 하였다. 그러나 그림자이기에 제한적이었다. **나아오는 자들을 언제나 온전하게 할 수 없느니라.** 제사를 드림에도 불구하고 사람들이 온전할 수 없었다. 하나님과의 관계가 늘 막힌 관계와 같았다.

2 그렇지 아니하면 섬기는 자들이 단번에 정결하게 되어 다시 죄를 깨닫는 일이 없으리니 어찌 제사 드리는 일을 그치지 아니하였으리요
3 그러나 이 제사들에는 해마다 죄를 기억하게 하는 것이 있나니
2 If the people worshipping God had really been purified from their sins, they would not feel guilty of sin any more, and all sacrifices would stop.
3 As it is, however, the sacrifices serve year after year to remind people of their sins.

10:3 해마다 죄를 기억하게 하는 것. 동물 제사는 온전하지 못하기 때문에 해마다 다시 죄에 대해 슬퍼하고 아파해야 했다. 대속죄일마다 죄의 굴레를 느껴야 했다. 하나님께 나와도 가까이할 수 없었다.

4 이는 황소와 염소의 피가 능히 죄를 없이 하지 못함이라
4 For the blood of bulls and goats can never take away sins.

10:4 황소와 염소의 피. 이것이 죄를 없이 하지 못한다. 동물의 피는 죄를 없이 하는 것에 대한 상징일 뿐이다. 그래서 그것을 반복하여야 했다.

5 그러므로 주께서 세상에 임하실 때에 이르시되 하나님이 제사와 예물을 원하지 아니하시고 오직 나를 위하여 한 몸을 예비하셨도다
5 For this reason, when Christ was about to come into the world, he said to God: "You do

not want sacrifices and offerings, but you have prepared a body for me.

10:5 하나님이 제사와 예물을 원하지 아니하시고. 하나님께 제사와 동물의 피는 중요한 것이 아니다. 하나님께서 고기를 드시거나 피를 좋아하시는 것이 아니다. 동물의 헌신을 좋아하시는 것도 아니다. 그것은 오직 한 가지를 가리키는 것이다. **나를 위하여 한 몸을 예비하셨도다.** 하나님의 외아들이신 분을 위해 하나님께서 '몸'을 준비하셨다는 뜻이다. 하나님의 아들을 사람이 되게 하셨다는 뜻이다. 곧 성육신을 계획하셨다는 것을 의미한다. 단순히 몸만 입은 것이 아니다. 하나님의 아들은 온전히 사람이 되셨다. 아주 놀라운 일이 준비된 것이다.

> 6 번제와 속죄제는 기뻐하지 아니하시나니
> 7 이에 내가 말하기를 하나님이여 보시옵소서 두루마리 책에 나를 가리켜 기록된 것과 같이 하나님의 뜻을 행하러 왔나이다 하셨느니라
> 6 You are not pleased with animals burnt whole on the altar or with sacrifices to take away sins.
> 7 Then I said, 'Here I am, to do your will, O God, just as it is written of me in the book of the Law.' "

10:7 두루마리 책에 나를 가리켜 기록된 것과 같이. 성경은 모두 예수님을 반영한다. 모든 성경은 예수 그리스도 안에서 성취된다. 성경의 제사는 온전히 그리스도를 바라보고 있다. '하나님의 뜻'은 그리스도께서 성취하시는 하나님의 모든 뜻을 의미할 것이다. 좁게는 '십자가의 사역'이고 또한 '거룩'이라 할 수 있다.

> 8 위에 말씀하시기를 주께서는 제사와 예물과 번제와 속죄제는 원하지도 아니하고 기뻐하지도 아니하신다 하셨고 (이는 다 율법을 따라 드리는 것이라)
> 9 그 후에 말씀하시기를 보시옵소서 내가 하나님의 뜻을 행하러 왔나이다 하셨으니 그 첫째 것을 폐하심은 둘째 것을 세우려 하심이라
> 8 First he said, "You neither want nor are you pleased with sacrifices and offerings or with animals burnt on the altar and the sacrifices to take away sins." He said this even though all these sacrifices are offered according to the Law.
> 9 Then he said, "Here I am, O God, to do your will." So God does away with all the old sacrifices and puts the sacrifice of Christ in their place.

10:9 첫째 것을 폐하심은 둘째 것을 세우려 하심이라. '폐하심(헬, 아나이레오)'은 '유통기한이 끝났다'는 것을 의미한다. "내가 율법이나 선지자를 폐하러 온 줄로 생각하지

말라 폐하러 온 것이 아니요 완전하게 하려 함이라"(마 5:17)에서 '폐하러(헬, 카탈뤼오)'와는 헬라어 단어가 다르다. 이것은 '완전히 없애는 것'을 의미한다. 제사 율법이 제한적 역할만 하기 때문에 그것은 임시적이었다. 그래서 이제 그것의 역할을 끝내고 둘째 것을 세우는 때가 되어 예수님이 오신 것이다. 제사 율법은 그 역할의 기한이 끝났다.

> **10** 이 뜻을 따라 예수 그리스도의 몸을 단번에 드리심으로 말미암아 우리가 거룩함을 얻었노라
>
> 10 Because Jesus Christ did what God wanted him to do, we are all purified from sin by the offering that he made of his own body once and for all.

10:10 우리가 거룩함을 얻었노라. 이전에 동물의 피로 제사를 드릴 때는 온전한 거룩이 이루어지지 않았다. 그러나 그리스도의 피로 제사를 드림으로 온전히 거룩해진다. 그래서 이제는 하나님 앞에 언제든지 나갈 수 있다. 거룩하신 하나님의 충만한 임재 가운데 거할 수 있게 되었다.

> **11** 제사장마다 매일 서서 섬기며 자주 같은 제사를 드리되 이 제사는 언제나 죄를 없게 하지 못하거니와
>
> 11 Every Jewish priest performs his services every day and offers the same sacrifices many times; but these sacrifices can never take away sins.

10:11 매일 서서 섬기며...언제나 죄를 없게 하지 못하거니와. 건물 성전에서 아론 자손 대제사장의 사역의 한계에 대한 설명이다.

> **12** 오직 그리스도는 죄를 위하여 한 영원한 제사를 드리시고 하나님 우편에 앉으사
>
> 12 Christ, however, offered one sacrifice for sins, an offering that is effective for ever, and then he sat down at the right-hand side of God.

10:12 한 영원한 제사를 드리시고 하나님 우편에 앉으사. 예수 그리스도는 한 번의 제사로 모든 죄를 사하신다. 그리고 이제 '하나님 우편'에 앉아 계신다. 하나님 우편에 앉아 계신다는 것은 통치를 의미한다. '앉아'계신다는 것은 아론 자손 대제사장이 서서 섬기는 것과 대조된다. 아론 자손 대제사장은 어떤 일을 하여도 그것이 완료된 사역이

아니다. 계속 서서 섬겨야 했다. 그러나 예수 그리스도의 사역은 완료된 사역이다.

> **13** 그 후에 자기 원수들을 자기 발등상이 되게 하실 때까지 기다리시나니
> **14** 그가 거룩하게 된 자들을 한 번의 제사로 영원히 온전하게 하셨느니라
> **13** There he now waits until God puts his enemies as a footstool under his feet.
> **14** With one sacrifice, then, he has made perfect for ever those who are purified from sin.

10:14 영원히 온전하게 하셨느니라. 믿음으로 거룩하게 된 사람들은 영원히 '온전하다'고 선포되었다.

> **15** 또한 성령이 우리에게 증언하시되
> **16** 주께서 이르시되 그 날 후로는 그들과 맺을 언약이 이것이라 하시고 내 법을 그들의 마음에 두고 그들의 생각에 기록하리라 하신 후에
> **15** And the Holy Spirit also gives us his witness. First he says:
> **16** "This is the covenant that I will make with them in the days to come, says the Lord: I will put my laws in their hearts and write them on their minds."

10:16 내 법을 그들의 마음에 두고 그들의 생각에 기록하리라. 믿음은 '믿는다'는 어떤 말을 함으로 기계적으로 또는 외적으로 변화가 있는 것을 의미하는 것이 아니라 마음에 법을 새기는 것이다. 그래서 신분만 변화할 뿐 옛날로 돌아가는 것이 아니라 법이 마음과 생각에 기록되었기에 그것에 따라 완전히 새로운 길이 열리는 것을 의미한다. 아직 한 걸음도 걸어가지 않았어도 마음과 생각에 새겨졌기에 그 길을 걸어갈 준비가 된 것이다.

> **17** 또 그들의 죄와 그들의 불법을 내가 다시 기억하지 아니하리라 하셨으니
> **17** And then he says, "I will not remember their sins and evil deeds any longer."

10:17 그들의 죄와 그들의 불법을 내가 다시 기억하지 아니하리라. 이전에 아론 대제사장의 제사는 상징적인 것이기 때문에 여전히 죄가 남아 있다. 그러나 예수님의 대제사장 사역은 죄 값을 완전히 지불하셨다. 그래서 죄가 더이상 남아 있지 않다. 완전히 깨끗한 자유인으로 시작하는 것이다. 여전히 연약하여 앞으로도 크고 작은 죄를 범할 것이다. 그러나 일단 모든 죄에서 사함을 얻은 완전히 깨끗한 사람에서 시작한다. 그래서 신분이 바뀌었다 말할 수 있다. 죄의 종에서 하나님의 자녀로 바뀐 것이다. 과

거의 죄 때문에 주눅들어 있지 마라. 믿음의 사람에게는 이미 다 씻어 주셨다. 아론 자손의 대제사장이 매년 다시 제사를 드리는 것처럼 신앙인이 자신의 과거 죄를 매년 다시 기억하고 슬퍼할 이유가 전혀 없다. 그것은 여전히 죄의 종으로 있는 것이다. 신앙인은 더이상 죄의 종이 아니다. 단번에 드리신 것처럼 우리도 한 번 깊이 회개해야 한다. 그러나 과거의 죄를 반복하여 회개하는 것은 아니다.

18 이것들을 사하셨은즉 다시 죄를 위하여 제사 드릴 것이 없느니라
19 그러므로 형제들아 우리가 예수의 피를 힘입어 성소에 들어갈 담력을 얻었나니

18 So when these have been forgiven, an offering to take away sins is no longer needed.
19 We have, then, my brothers and sisters, complete freedom to go into the Most Holy Place by means of the death of Jesus.

10:19 그러므로. 앞에서 말한 예수님의 대제사장의 탁월한 사역에 대한 이야기다. 예수님의 탁월한 대속 사역이 있었다. 대속 사역에 따라 죄 씻음을 받은 사람은 이제 완전히 새로운 존재가 되었다. 그러므로 그는 새로운 존재로서 새로운 길을 걸어가야 한다. **우리가 예수의 피를 힘입어 성소에 들어갈 담력을 얻었나니.** 우리는 하나님의 특별한 임재의 자리로 갈 수 있게 되었다. 이전에는 죄 많은 사람이어서 하나님께 감히 나갈 수 없었는데 이제는 감히 나갈 수 있게 된 것이다. 죄인이 아니라 거룩한 의인이 되었기 때문이다.

20 그 길은 우리를 위하여 휘장 가운데로 열어 놓으신 새로운 살 길이요 휘장은 곧 그의 육체니라

20 He opened for us a new way, a living way, through the curtain—that is, through his own body.

10:20 그 길은 우리를 위하여 휘장 가운데로 열어 놓으신 새로운 살 길이요. 이전에는 성소에 들어가려면 휘장이 있었다. 그래서 제사장이 아니면 들어갈 수 없었다. 지성소로 들어가려면 또 휘장이 있었다. 대제사장도 일 년에 한 번만 들어갈 수 있었다. 그러나 이제 그 휘장이 찢어졌다. **휘장은 곧 그의 육체니라.** 그리스도의 육체가 십자가에서 깨트려질 때 성소의 휘장도 찢어졌다. 그래서 우리는 하나님의 임재 가운데 가로막힌 것이 없이 나갈 수 있게 되었다. 그렇게 문이 활짝 열렸다. 길이 열렸다. 그러면 이제 어떻게 해야겠는가? 길이 열렸어도 걸어가지 않으면 하나님께 가까워지지 않는

다. 하나님께 가까이 갈 수 있는 길이 열렸으니 이제 그 길을 걸어가야 한다.

21 또 하나님의 집 다스리는 큰 제사장이 계시매
22 우리가 마음에 뿌림을 받아 악한 양심으로부터 벗어나고 몸은 맑은 물로 씻음을 받았으니 참 마음과 온전한 믿음으로 하나님께 나아가자
21 We have a great priest in charge of the house of God.
22 So let us come near to God with a sincere heart and a sure faith, with hearts that have been purified from a guilty conscience and with bodies washed with clean water.

10:22 그리스도의 피로 길이 열렸으니 해야 할 일 3가지를 말한다. **참 마음...하나님께 나아가자.** 첫째, 악한 양심을 버리고, 맑은 물로 씻음을 받고, 참 마음과 온전한 믿음으로 '하나님께 나가자'라고 말한다. 우리의 마음을 다하여 하나님께 나가야 한다. 형식이 아니라 진심으로 나가야 한다.

23 또 약속하신 이는 미쁘시니 우리가 믿는 도리의 소망을 움직이지 말며 굳게 잡고
23 Let us hold on firmly to the hope we profess, because we can trust God to keep his promise.

10:23 소망을 움직이지 말며 굳게 잡고. 두번째, 하나님께 나갈 때 우리의 연약함과 주변의 여러 일로 인하여 그 길을 방해하는 것들이 있을 것이다. 가로막던 죄는 없어졌으나 환경들이 있다. 이때 우리는 소망을 굳게 잡아야 한다. 우리가 가는 길이 얼마나 영광스러운 길인지를 생각하고 그것을 소망하며 그 소망을 굳게 붙잡아야 한다. 우리가 소망하는 일들이 현실보다 더 큰 현실이라는 것을 알고 소망을 굳게 잡아야 한다.

24 서로 돌아보아 사랑과 선행을 격려하며
24 Let us be concerned for one another, to help one another to show love and to do good.

10:24 서로 돌아보아. 셋째, 서로 돌아보아야 한다. '돌아보아(헬, 카타노에오)'는 '적극적 자극을 주라'로 번역할 수 있다. 바울과 바나바가 '서로 심히 다투었다'고 할 때도 이 단어를 사용했다. 긍정적으로도 부정적으로도 사용하는 매우 자극적인 단어다. 하나님께 가까이 가는 일에 신앙인이 서로 적극적 자극제가 되어야 한다. 사람은 여전히 불신앙적일 때가 많다. 그래서 서로 적극적 자극제가 되어야 한다. 어떤 일에 자

극제가 되어야 할까? **사랑과 선행을 격려하며.** 믿음의 길은 서로 사랑하는 것이고 선한 일을 행하는 것이다. 미워하면서 하나님께 가까이 갈 수 없다. 악행하면서 가까이 갈 수 없다.

> **25** 모이기를 폐하는 어떤 사람들의 습관과 같이 하지 말고 오직 권하여 그 날이 가까움을 볼수록 더욱 그리하자
>
> **25** Let us not give up the habit of meeting together, as some are doing. Instead, let us encourage one another all the more, since you see that the Day of the Lord is coming nearer.

10:25 모이기를 폐하는 어떤 사람들의 습관과 같이 하지 말고. 이것은 세 번째 권면에 대한 추가설명이다. '서로 자극제가 되기' 위해서는 일단 모여야 한다. 여기에서 모인다는 것은 주로 예배를 의미한다. 교회가 함께 일하기 위해 모이는 것까지 포함할 것이다. 모이지 않으면 자신의 영혼을 파괴하는 것이다. 다른 사람을 도울 기회가 원천 차단되는 것이다. 이 구절은 공예배에 함께하고 교통하는 것이 얼마나 중요한지를 이야기한다.

> **26** 우리가 진리를 아는 지식을 받은 후 짐짓 죄를 범한즉 다시 속죄하는 제사가 없고
>
> **26** For there is no longer any sacrifice that will take away sins if we purposely go on sinning after the truth has been made known to us.

10:26 진리를 아는 지식을 받은 후. 그리스도의 성육신을 알게 되고 복음을 알게 된 이후를 말한다. 동물의 피가 아닌 그리스도의 피로 죄 씻음을 알게 된 이후에 우리는 이전과 비교할 때 어떻게 바뀌어야 할까? **짐짓 죄를 범한즉.** '짐짓(헬, 헤코우시오스)'의 국어 사전적 의미는 '마음으로는 그렇지 않으나 일부러 그렇게'라는 뜻이기에 헬라어 본문의 뜻에 부합하지 않는다. 그냥 '고의로' '자발적으로'라고 번역하는 것이 더 좋을 것 같다. 이것은 반역에 해당할 만큼 큰 죄가 된다.

> **27** 오직 무서운 마음으로 심판을 기다리는 것과 대적하는 자를 태울 맹렬한 불만 있으리라
> **28** 모세의 법을 폐한 자도 두세 증인으로 말미암아 불쌍히 여김을 받지 못하고

죽었거든

27 Instead, all that is left is to wait in fear for the coming Judgement and the fierce fire which will destroy those who oppose God!

28 Anyone who disobeys the Law of Moses is put to death without any mercy when judged guilty on the evidence of two or more witnesses.

10:28 모세의 법을 폐한 자도...죽었거늘. '폐한(헬, 아데테오)'은 '무시하는' '가볍게 생각하는'의 의미다. 구약 시대에 제사 법을 포함한 모세에게 주어진 법을 어기면 그것에 대한 형벌이 있었다.

29 하물며 하나님의 아들을 짓밟고 자기를 거룩하게 한 언약의 피를 부정한 것으로 여기고 은혜의 성령을 욕되게 하는 자가 당연히 받을 형벌은 얼마나 더 무겁겠느냐 너희는 생각하라

29 What, then, of those who despise the Son of God? who treat as a cheap thing the blood of God's covenant which purified them from sin? who insult the Spirit of grace? Just think how much worse is the punishment they will deserve!

10:29 하나님의 아들을 짓밟고. 새 언약은 하나님의 아들이 성육신하신 것을 알게 된 지식을 기반으로 한다. **언약의 피를 부정한 것으로 여기고.** '부정한(헬, 코이노스)'은 '평범한'이 기본 의미이다. 하나님의 아들이 사람이 되어 피 흘리신 일이 어찌 세상의 다른 일과 같겠는가? 참으로 놀라운 그 일을 마치 아무 일도 아닌 것처럼 여긴다면 그것이 얼마나 큰 잘못이겠는가? **당연히 받을 형벌은 얼마나 더 무겁겠느냐 너희는 생각하라.** 우리는 새 언약에 담긴 것을 잘 생각해 보아야 한다. 그것을 어길 때 죄는 이전보다 훨씬 더 크다.

30 원수 갚는 것이 내게 있으니 내가 갚으리라 하시고 또 다시 주께서 그의 백성을 심판하리라 말씀하신 것을 우리가 아노니

30 For we know who said, "I will take revenge, I will repay"; and who also said, "The Lord will judge his people."

10:30 그의 백성을 심판하리라. 하나님은 사랑의 하나님이시니 다 용서하실 것 같다. 아니다. 하나님은 분명히 '원수 갚는' 하나님이시며 '심판하시는' 하나님이시다. 그러기에 새 언약 시대를 살아가는 사람은 어느 때보다 더 죄에 대해 심각하게 생각해야 한다. 더 큰 벌을 받는다는 것을 알아야 한다.

31 살아 계신 하나님의 손에 빠져 들어가는 것이 무서울진저
32 전날에 너희가 빛을 받은 후에 고난의 큰 싸움을 견디어 낸 것을 생각하라
33 혹은 비방과 환난으로써 사람에게 구경거리가 되고 혹은 이런 형편에 있는
자들과 사귀는 자가 되었으니
31 It is a terrifying thing to fall into the hands of the living God!
32 Remember how it was with you in the past. In those days, after God's light had shone on
you, you suffered many things, yet were not defeated by the struggle.
33 You were at times publicly insulted and ill-treated, and at other times you were ready to
join those who were being treated in this way.

10:33 비방과 환난. 그들은 환난과 비방을 통과하여 이겼다. **이런 형편에 있는 자들과
사귀는 자가 되었으니.** 비방과 환난을 당하는 이들이 있을 때 그들이 받는 비방에 참
여하는 자가 되었다. 자발적으로 그들의 고통을 나누어 짊어졌다.

34 너희가 갇힌 자를 동정하고 너희 소유를 빼앗기는 것도 기쁘게 당한 것은
더 낫고 영구한 소유가 있는 줄 앎이라
34 You shared the sufferings of prisoners, and when all your belongings were seized, you
endured your loss gladly, because you knew that you still possessed something much
better, which would last for ever.

**10:34 너희 소유를 빼앗기는 것도 기쁘게 당한 것은 더 낫고 영구한 소유가 있는 줄 앎이
라.** 믿음 때문에 당하는 손실을 기뻐했다. 그것은 손실이 손실로만 끝나는 것이 아니
라 손실만큼 '더 낫고 영구한 소유'를 얻게 될 것이기 때문이다. 지금은 손실 같지만
분명히 이후에 잃은 것보다 훨씬 더 나은 것을 더 많이 소유하게 될 것이다. '영구한
소유'이니 비교할 수 없을 만큼 훨씬 더 나은 것이다.

35 그러므로 너희 담대함을 버리지 말라 이것이 큰 상을 얻게 하느니라
35 Do not lose your courage, then, because it brings with it a great reward.

10:35 담대함을 버리지 말라 이것이 큰 상을 얻게 하느니라. 믿음으로 사는 것에 대한
확신을 놓치지 말고 그 길을 가라는 말씀이다. 그렇게 담대하게 믿음의 길을 걸어가
면 '큰 상'을 얻게 된다고 말씀한다. 이것을 믿지 않으면 손실을 당할 때마다 스트레
스가 쌓일 것이다. 그러나 그것 때문에 받게 될 '큰 상'을 알면 손실이 날 때마다 오히
려 더 큰 기쁨이 쌓일 것이다. 더욱더 담대하게 믿음의 길을 걸어갈 수 있다.

36 너희에게 인내가 필요함은 너희가 하나님의 뜻을 행한 후에 약속하신 것을 받기 위함이라

36 You need to be patient, in order to do the will of God and receive what he promises.

10:36 너희에게 인내가 필요함. 때로는 지친다. 세상이 알아주지 않기 때문이다. 그래서 '인내'가 필요하다. 아마 히브리서 독자들에게도 인내가 필요하였던 것 같다. 이전에는 담대한 마음으로 비방과 환난을 이겨냈는데 그렇지 않은 사람이 있었던 것 같다. 그래서 인내에 대해 말한다. 믿음은 인내가 필수다. 그리고 인내는 또한 그만큼의 복이 된다. 환난이 이어질 수 있다. 그때 인내해야 한다. 그러면 '약속하신 것'을 받게 된다고 말한다. '큰 상'에 대한 다른 표현이다. 믿음으로 사는 사람에게 하나님께서 이후에 큰 상을 주실 것을 약속하셨다.

37 잠시 잠깐 후면 오실 이가 오시리니 지체하지 아니하시리라

37 For, as the scripture says: "Just a little while longer, and he who is coming will come; he will not delay.

10:37 잠깐 후면 오실 이...지체하지 아니하시리라. 히브리서 시대의 사람들이 보기에는 주님이 승천하시고도 40년 가까이 다시 오시지 않았기 때문에 이 말씀이 실감나지 않는 사람이 있었을 것이다. 오늘날은 2000년 가까이 되었기 때문에 '잠시 잠깐 후'에 대해 말하지 않는 경우가 많다. 그러나 분명한 것은 모든 시대 사람들에게 주님이 오시는 것은 '잠시 잠깐 후'라는 사실이다. '매우 짧은 순간'이다. 지금 당장 오실 수 있다는 것을 알아야 한다. 바라보아야 한다. 이것을 놓치면 안 된다. 주님께는 천년이 하루 같아서 2000년이 지났어도 잠시 잠깐이다. 그러나 또한 하루가 천년 같아서 오늘 하루를 기다리시는 것도 매우 길게 느끼신다. 하루라도 빨리 그 백성과 충만한 사랑을 원하시기 때문이다. 그래서 언제든지 오신다. 개인의 죽음 또한 순간이다. 그것보다 더 빠르게 다가올 것으로 느끼고 살아야 할 것은 주님의 재림이다. 늘 오늘 주님이 재림하실 것처럼 살라.

38 나의 의인은 믿음으로 말미암아 살리라 또한 뒤로 물러가면 내 마음이 그를 기뻐하지 아니하리라 하셨느니라

38 My righteous people, however, will believe and live; but if any of them turns back, I will not be pleased with him."

10:38 의인은 믿음으로 말미암아 살리라. 하나님의 사람은 오직 하루 하루를 믿음으로 산다. 믿음에서 나오는 생각과 마음과 행동을 하며 살아야 한다. 우리 앞에 영광의 삶이 있으니 그 영광의 길을 걸어가야 한다.

> **39** 우리는 뒤로 물러가 멸망할 자가 아니요 오직 영혼을 구원함에 이르는 믿음을 가진 자니라
>
> 39 We are not people who turn back and are lost. Instead, we have faith and are saved.

10:39 뒤로 물러가 멸망할 자가 아니요. 뒤로 물러가는 자는 멸망한다. 신앙의 길을 뒤로 가지 마라. **오직 영혼을 구원함에 이르는 믿음을 가진 자니라.** 우리의 영혼이 구원에 이르도록 영혼의 건강을 유지하면서 살아야 한다.

4부

탁월함을 따르는 삶

(11:1-13:25)

1. 믿음으로
(11:1-40)

(11장)

신앙인은 믿음으로 살아야 한다. 주님 오실 때까지 믿음으로 살아야 한다. 그래서 히브리서 저자는 믿음에 대해 조금 더 자세히 설명하였다.

> **1 믿음은 바라는 것들의 실상이요 보이지 않는 것들의 증거니**
> 1 To have faith is to be sure of the things we hope for, to be certain of the things we cannot see.

11:1 이 구절은 아마 믿음에 대한 당시의 일반적인 정의일 것이다. 그래서 믿음이라는 단어에 정관사를 붙이지 않았다. 국어 사전은 믿음에 대해 '어떤 사실이나 사람을 믿는 마음'이라고 간략하게 정의한다. **믿음은 바라는 것들의 실상.** '실상(헬, 휘포스타시스)'은 가능한 번역이지만 최근의 성경 번역은 대부분 '확신'으로 번역한다. 미래에 무슨 일이 일어날 것을 확신하는 경우 '믿음'이라는 단어를 사용한다. 일반적인 의미로 사용할 때 그렇다. **보이지 않는 것들의 증거.** 보이지 않는 것에 대한 확신을 갖는 것이기도 하다. '난 이 영화가 잘 될 줄 믿어'라고 말하면 그것은 미래의 일에 대한 확신이다. '난 네가 돈을 갚을 줄 믿어'라고 말할 때는 그 사람의 마음이 보이지 않지만 정직함을 보는 것처럼 인정한다는 말이다. 그래서 믿음은 '미래'와 '보이지 않는 것'이라는 두 가지 측면을 가지고 있다.

기독교 용어로 '믿는다'는 것은 무엇을 말하는 것일까? 앞에서 일반적인 정의를 사용하였는데 그것과 관련하여 생각할 수 있다. 일반적인 믿음이라는 단어에 목적어를 '하나님'으로 하면 된다. 하나님께서 말씀하신 미래를 사실로 받아들이는 것이다. 일어날 것으로 확신하는 것이다. 하나님이 보이지 않지만 하나님의 존재를 인정하는 것이다. '바라는 것에 대한 확신'을 기독교의 믿음으로 적용하면 어떻게 해석될까? 사람들이 '자신들이 바라는 것'으로 착각하는 경우가 많다. 그러나 이것은 '하나님께서 바라시는 것'이다. 하나님께서 미래에 대해 말씀하신 것이다. 하나님께서 미래에 대해 말씀하신 것을 믿음으로 확신하는 것을 말하는 것이다.

하나님을 향한 믿음을 '영적 인식'으로 생각해도 좋을 것 같다. 하나님을 믿는다는 것은 하나님께서 약속하신 미래의 일, 특히 주님 재림하심으로 이루어지는 영원한 나라에 대해 인식한다는 것이다. 미래의 일이지만 그것을 분명히 믿기 때문에 오늘도 그것을 인식하면서 사는 것이다. 나의 삶에서 하나님이 보이지 않지만 늘 하나님을 인식하면서 사는 것이다. 그러한 영적 인식을 잘 하는 것이 믿음이라 할 수 있다.

영적 인식을 거짓되게 하는 사람도 있다. 거짓으로 환상을 만들어낸다. 허황된 말을 한다. 그런 경우 하나님을 말하고 하나님 나라에 대해 말하니 믿음이 좋아 보일 수 있다. 그러나 가짜는 가짜일 뿐이다. 그런 경우는 믿음이 없는 것이다. 오직 하나님께서 말씀하신 것을 기반으로 하여 구분해야 한다. 하나님께서 말씀하신 것에서 벗어난 영적 인식은 가짜 인식이다.

2 선진들이 이로써 증거를 얻었느니라
2 It was by their faith that people of ancient times won God's approval.

11:2 증거를 얻었느니라. '증거하다(헬, 마르튀레오)'가 수동태이기 때문에 이렇게 번역하였다. '인정을 받았다'로 번역해도 좋다. 믿음으로 살았기 때문에 하나님께 인정(증거)을 받았다. 그들이 믿음을 가졌다는 것은 그들이 하나님을 인정하면서 살았다는 것을 의미한다. 그들이 하나님을 인정하였을 때 하나님께서도 그들을 인정하셨다. 그들의 삶은 보이지 않는 하나님을 인정하면서 산 삶이 무엇보다 더 실제적이고 영광스러움을 보여준다. 믿음으로 산다는 것'은 실제적인 일이다. 미래의 일이고 보이지 않는 것에 대한 이야기이기 때문에 추상적으로 생각하기 쉽다. 그러나 사실 믿음은 그 무엇보다 더 실제적이다.

3 믿음으로 모든 세계가 하나님의 말씀으로 지어진 줄을 우리가 아나니 보이는 것은 나타난 것으로 말미암아 된 것이 아니니라
3 It is by faith that we understand that the universe was created by God's word, so that what can be seen was made out of what cannot be seen.

11:3 믿음으로 모든 세계가 하나님의 말씀으로 지어진 줄을 우리가 아나니. 세계는 우리가 매일 살아가고 있는 세상을 의미한다. 하나님을 향한 믿음이 없으면 세상이 어떻

게 왜 존재하고 있는지를 우리는 알지 못한다. 오직 하나님을 믿는 믿음으로만 안다. 수많은 가설들이 있지만 어떤 것도 충분한 설명이 되지 못한다. **보이는 것은 나타난 것으로 말미암아 된 것이 아니니라.** 인과론으로 모든 것을 말하려고 하는 과학의 세계에서는 놀라운 선언이다. '세계'라는 가장 기본적인 것도 오직 믿음으로만 설명할 수 있다. 그런데도 불구하고 사람들은 보이지 않는다고 하나님을 의식하지 않고 산다. 무시하면서 산다.

> 4 믿음으로 아벨은 가인보다 더 나은 제사를 하나님께 드림으로 의로운 자라 하시는 증거를 얻었으니 하나님이 그 예물에 대하여 증언하심이라 그가 죽었으나 그 믿음으로써 지금도 말하느니라
> 4 It was faith that made Abel offer to God a better sacrifice than Cain's. Through his faith he won God's approval as a righteous man, because God himself approved of his gifts. By means of his faith Abel still speaks, even though he is dead.

11:4 믿음은 새 언약 시대만이 아니라 모든 시대에 해당한다. 그래서 믿음의 사람 이야기를 아벨의 믿음으로 시작한다. **믿음으로 아벨은 가인보다 더 나은 제사를 하나님께 드림으로 의로운 자 하시는 증거를 얻었으니.** 아벨과 가인의 제사의 차이는 제사의 종류가 아니라 하나님을 향한 인식 차이일 것이다. 아벨은 경외하는 마음을 가졌기에 참된 믿음이었고 가인은 하나님을 향한 경외가 없어 믿음의 제사가 되지 못하였다. **그 믿음으로써 지금도 말하느니라.** 아벨은 일찍 죽었다. 그래서 허망한 것 같다. 그러나 그렇지 않다. 믿음은 영원하다. 하나님이 말씀하신 미래를 믿는 믿음은 미래가 있다. 그가 일찍 죽었으나 믿음의 사람의 미래는 생명이 있고 영원하다. 믿음이 약속하는 미래를 결코 간과하지 말아야 한다.

> 5 믿음으로 에녹은 죽음을 보지 않고 옮겨졌으니 하나님이 그를 옮기심으로 다시 보이지 아니하였느니라 그는 옮겨지기 전에 하나님을 기쁘시게 하는 자라 하는 증거를 받았느니라
> 5 It was faith that kept Enoch from dying. Instead, he was taken up to God, and nobody could find him, because God had taken him up. The scripture says that before Enoch was taken up, he had pleased God.

11:5 믿음으로 에녹은 죽음을 보지 않고. 에녹의 믿음이 인정되어 죽음을 보지 않았다. 그의 어떤 믿음일까? **하나님을 기쁘시게 하는 자라 하는 증거를 받았느니라.** 그는 보이

지 않는 하나님과 동행하였다. 늘 하나님의 임재와 통치를 인정하고 하나님께서 기뻐하실 일을 하며 살았다. 그의 그러한 삶을 보고 하나님께서 '믿음이 좋다'고 인정하셨다.

> 6 믿음이 없이는 하나님을 기쁘시게 하지 못하나니 하나님께 나아가는 자는 반드시 그가 계신 것과 또한 그가 자기를 찾는 자들에게 상 주시는 이심을 믿어야 할지니라
> 6 No one can please God without faith, for whoever comes to God must have faith that God exists and rewards those who seek him.

11:6 반드시 그가 계신 것과 또한 그가 자기를 찾는 자들에게 상 주시는 이심을 믿어야 할지니라. 이것은 1절과도 연결된다. 기독교 믿음은 보이지 않지만 하나님께서 창조주로 계시다는 것을 믿고 인식하면서 사는 것이다. 하나님께서 미래에 상 주신다는 것을 확신하며 사는 것이다.

> 7 믿음으로 노아는 아직 보이지 않는 일에 경고하심을 받아 경외함으로 방주를 준비하여 그 집을 구원하였으니 이로 말미암아 세상을 정죄하고 믿음을 따르는 의의 상속자가 되었느니라
> 7 It was faith that made Noah hear God's warnings about things in the future that he could not see. He obeyed God and built a boat in which he and his family were saved. As a result, the world was condemned, and Noah received from God the righteousness that comes by faith.

11:7 믿음으로 노아는 아직 보이지 않는 일에 경고하심을 받아 경외함으로 방주를 준비하여. 노아는 보이지 않는 일을 보이지 않는 하나님에 의하여 경고를 받았는데 보이는 어떤 일보다 더 현실적이고 분명한 일로 받아들였다. 그의 믿음을 하나님께서 인정하시고 구원하여 주셨다.

> 8 믿음으로 아브라함은 부르심을 받았을 때에 순종하여 장래의 유업으로 받을 땅에 나아갈새 갈 바를 알지 못하고 나아갔으며
> 8 It was faith that made Abraham obey when God called him to go out to a country which God had promised to give him. He left his own country without knowing where he was going.

11:8 믿음으로 아브라함은...순종하여. '믿음으로'를 강조하기 위해 앞에 위치시켰다. 아브라함은 보이지 않는 하나님께서 그를 부르셨고, 장래의 유업을 약속 받았다. **갈 바를 알지 못하고 나아갔으며.** 보이지 않는 분, 미래의 일, 무지의 땅 등 모든 면에 있어 불확실하였다. 그러나 그가 하나님을 믿는 믿음만은 확실하였던 것 같다. 하나님을 신뢰하는 마음으로 불확실한 모든 것을 극복하고 고향을 떠났다.

> **9** 믿음으로 그가 이방의 땅에 있는 것 같이 약속의 땅에 거류하여 동일한 약속을 유업으로 함께 받은 이삭 및 야곱과 더불어 장막에 거하였으니
> **9** By faith he lived as a foreigner in the country that God had promised him. He lived in tents, as did Isaac and Jacob, who received the same promise from God.

11:9 믿음으로...약속의 땅에 거류하여. 그가 가나안 땅에 거주할 때 그곳이 살기 좋았기 때문에 거주한 것이 아니다. 그곳이 약속의 땅이었기 때문에 거주하였다. 그의 거주는 '이방인의 땅에 있는 것 같이'였다. 그는 가나안에 땅을 사지도 못하였다. 늘 이방인이었다. **이삭 및 야곱과 더불어 장막에 거하였으니.** 그는 임시 처소인 '장막'에 살았다. 약속의 땅인데 그 땅을 확실히 소유하지 못하였다. 멋진 집을 지은 것도 아니다. 땅도 없었고 집도 없었다.

> **10** 이는 그가 하나님이 계획하시고 지으실 터가 있는 성을 바랐음이라
> **11** 믿음으로 사라 자신도 나이가 많아 단산하였으나 잉태할 수 있는 힘을 얻었으니 이는 약속하신 이를 미쁘신 줄 알았음이라
> **10** For Abraham was waiting for the city which God has designed and built, the city with permanent foundations.
> **11** It was faith that made Abraham able to become a father, even though he was too old and Sarah herself could not have children. He trusted God to keep his promise.

11:11 믿음으로 사라...힘을 얻었으니. 사라는 하나님의 약속을 신뢰하여 잉태할 수 있게 되었다. 미래의 가능성으로 보면 잉태할 수 없었다. 그러나 하나님의 말씀을 믿어 잉태하였다.

> **12** 이러므로 죽은 자와 같은 한 사람으로 말미암아 하늘의 허다한 별과 또 해변의 무수한 모래와 같이 많은 후손이 생육하였느니라
> **12** Though Abraham was practically dead, from this one man came as many descendants as

there are stars in the sky, as many as the numberless grains of sand on the seashore.

11:12 죽은 자와 같은 한 사람으로 말미암아...많은 후손이 생육하였느니라. 아브라함의 나이를 생각하면 거의 '죽은 자'였다. 그런데 하나님께서 그의 믿음을 사용하셔서 별과 모래와 같이 무수한 믿음의 자손을 낳게 하셨다. 아브라함 한 사람을 볼 때 그를 통해 그토록 놀라운 일이 일어날 것이라고 누가 상상이라도 할 수 있었겠는가?

> **13** 이 사람들은 다 믿음을 따라 죽었으며 약속을 받지 못하였으되 그것들을 멀리서 보고 환영하며 또 땅에서는 외국인과 나그네임을 증언하였으니
> **13** It was in faith that all these persons died. They did not receive the things God had promised, but from a long way off they saw them and welcomed them, and admitted openly that they were foreigners and refugees on earth.

11:13 약속을 받지 못하였으되. 아브라함과 사라와 이삭과 야곱은 '약속을 받지 못하였다'라고 말한다. 그러나 '믿음을 따라 죽었다'라고 말한다. 그렇다. 그들은 생전에 가나안 땅을 얻지 못했다. 또한 별과 모래와 같은 자손을 얻지 못했다. 그러나 '믿음' 안에서 죽었다. 그 시대에 이루어지지는 않았어도 그 시대가 씨앗이 되어 이후에 이루어질 것을 믿으며 죽었다. 하나님께서 약속하신 것은 반드시 이루어질 것을 믿었기 때문이다. 그래서 그것은 약속을 이루지 못한 것이 아니라 이룬 것이다. **그것들을 멀리서 보고 환영하며.** 그것을 아주 멀리서 보았다. 그러나 그것을 안타깝게 여긴 것이 아니라 기뻐하였다. 감사하게 생각하였다. 그들의 시대에 이룬 것만큼이나 동일하게 기뻐하였다. **땅에서는 외국인과 나그네임을 증언하였으니.** 그들은 이 땅이 궁극적인 것이 아님을 알았다. 이 땅에서는 나그네이지만 하나님께서 완성하시는 그 나라에서는 왕 같은 자녀될 것을 믿었기 때문이다.

> **14** 그들이 이같이 말하는 것은 자기들이 본향 찾는 자임을 나타냄이라
> **14** Those who say such things make it clear that they are looking for a country of their own.

11:14 자기들이 본향 찾는 자임을 나타냄이라. 그들은 본향을 찾고 있었다. '본향'은 그들이 태어나고 자란 문화의 도시 바벨론이 아니다. 그들이 얻고자 하는 가나안도 아니다. 하나님께서 준비하신 나라이다. 하나님 안에서의 영원한 안식이다.

15 그들이 나온 바 본향을 생각하였더라면 돌아갈 기회가 있었으려니와
15 They did not keep thinking about the country they had left; if they had, they would have had the chance to return.

11:15 나온 바 본향. 바벨론을 말한다. 아브라함에게 '우르'는 더이상 본향이 아니다. 그곳을 본향으로 생각했다면 벌써 돌아갔을 것이다.

16 그들이 이제는 더 나은 본향을 사모하니 곧 하늘에 있는 것이라 이러므로 하나님이 그들의 하나님이라 일컬음 받으심을 부끄러워하지 아니하시고 그들을 위하여 한 성을 예비하셨느니라
16 Instead, it was a better country they longed for, the heavenly country. And so God is not ashamed for them to call him their God, because he has prepared a city for them.

11:16 더 나은 본향을 사모하니 곧 하늘에 있는 것이라. 아브라함은 더 나은 본향을 사모하였다. 하나님께서 만드시는 나라다. '하늘'은 공간으로서 하늘을 의미하는 것이 아니다. '하나님 나라'에 대한 상징적 사용이다. 그곳은 인간이 본래 있어야 하는 영적 고향으로서 하나님과 충만한 교통을 하는 본향이다. 우리는 그 본향이 주님이 재림하실 때 새하늘과 새 땅으로 이루어진다는 것을 안다. 그때 아브라함은 매우 기뻐하게 될 것이다. **하나님이 그들의 하나님이라 일컬음 받으심을 부끄러워하지 아니하시고.** '부끄러워하지 않으시고'는 '자랑스러워 하시고'와 같은 말이다. 그들의 믿음을 기뻐 받으셨기 때문이다. 그래서 이후에 하나님께서 자신을 설명하실 때 사용하게 된다. "또 이르시되 나는 네 조상의 하나님이니 아브라함의 하나님, 이삭의 하나님, 야곱의 하나님이니라 모세가 하나님 뵈옵기를 두려워하여 얼굴을 가리매"(출 3:6) '나는 네 조상의 하나님이니 아브라함의 하나님'이라고 말씀하신다. 하나님께서 친히 그의 이름을 말씀하셨으니 얼마나 영광스러운 일인가? **그들을 위하여 한 성을 예비하셨느니라.** 믿음으로 살고 믿음으로 '성'을 바라보았기에 하나님께서 그들을 위하여 '성'을 예비하셨다. 주님 재림하실 때 완성될 '하나님 나라'다. 얼마나 행복한 일인가? 이러한 '성'에 대해 무지한 채 세상의 탐욕에 눈이 먼 세상 사람들을 따라 세상의 일에 정신없이 살고 있으면 안 된다. 보이지 않지만 실제로는 세상을 창조하시고 모든 것을 통치하시는 하나님과, 현재는 잘 모르지만 실제로는 가장 현실적인 하나님이 말씀하신 미래에 대해 무지한 믿음 없는 사람이 되면 안 된다.

17 아브라함은 시험을 받을 때에 믿음으로 이삭을 드렸으니 그는 약속들을 받은 자로되 그 외아들을 드렸느니라
17 It was faith that made Abraham offer his son Isaac as a sacrifice when God put Abraham to the test. Abraham was the one to whom God had made the promise, yet he was ready to offer his only son as a sacrifice.

11:17 헬라어 본문은 이 구절도 다른 구절처럼 '믿음으로'가 가장 앞에 나와 있다. 강조다. 오직 믿음으로 행했다. **믿음으로...드렸느니라.** 아무리 믿음이라 하여도 어찌 아들을 드릴 수 있었을까? 이것이 진정 믿음일까? 만약 오늘날 우리의 꿈에 하나님께서 우리 아들을 드리라고 말씀하시면 곧이듣지 마라. 시대와 문화적 특수성 속에 있었던 사건임을 알아야 한다. 오늘날은 꿈이나 환상에서 그런 살인을 하라 말씀하시는 것을 들으면 정신과에 가는 것이 맞다. 특별계시는 끝났다. 말씀은 '살인하지 마라'고 말한다.

18 그에게 이미 말씀하시기를 네 자손이라 칭할 자는 이삭으로 말미암으리라 하셨으니
18 God had said to him, "It is through Isaac that you will have the descendants I promised."

11:18 그에게 이미 말씀하시기를...네 자손...이삭으로 말미암으리라. 하나님께서 이미 이전에 이삭을 통해서만 그 자손을 주시겠다고 말씀하셨다. 그것은 분명한 하나님의 말씀이었다. 아브라함은 그 말씀을 믿었다. 그래서 이삭을 드릴 수 있었다. 말씀을 아들의 목숨보다 더 소중히 여겼다. 신뢰하였다.

19 그가 하나님이 능히 이삭을 죽은 자 가운데서 다시 살리실 줄로 생각한지라 비유컨대 그를 죽은 자 가운데서 도로 받은 것이니라
19 Abraham reckoned that God was able to raise Isaac from death—and, so to speak, Abraham did receive Isaac back from death.

11:19 이삭을 죽은 자 가운데서 다시 살리실 줄로 생각한지라. 하나님께서 이렇게 말씀하시지는 않았다. 그러나 하나님께서 이삭을 통해서만 자손을 주시겠다고 말씀하신 것을 근거로 생각하면 이것밖에 다른 길이 없다. **그를 죽은 자 가운데서 도로 받은 것이니라.** 사실 이삭은 '죽은 자' 가운데서 받은 것이다. 그러니 실제로 죽는다 하여도 다시 받을 수 있을 것이라 생각하였다. 말씀하신 것을 지키시는 하나님을 향한 철저한 믿음을 가지고 있었다.

20 믿음으로 이삭은 장차 있을 일에 대하여 야곱과 에서에게 축복하였으며

20 It was faith that made Isaac promise blessings for the future to Jacob and Esau.

11:20 믿음으로...축복하였으며. 특별히 이삭은 에서를 축복하고 싶었으나 하나님께서 야곱을 축복하게 하시는 것을 깨닫고 야곱을 축복한 것으로 마쳤다. 인도하시는 하나님을 신뢰하였기 때문이다.

21 믿음으로 야곱은 죽을 때에 요셉의 각 아들에게 축복하고 그 지팡이 머리에 의지하여 경배하였으며

21 It was faith that made Jacob bless each of the sons of Joseph just before he died. He leaned on the top of his walking stick and worshipped God.

11:21 믿음으로 야곱은...축복하고. 야곱은 자식들에게 축복할 때 믿음으로 축복하였다. 하나님께서 만들어 가시는 미래를 보았고 그 미래를 축복으로 선언하였다. **그 지팡이 머리에 의지하여 경배하였으며.** 지팡이에 의지할 정도로 많이 늙었으나 그는 하나님을 예배하였다. 늙어 믿음이 흐트러진 것이 아니라 더 생생하였다. 우리가 이러한 믿음을 가져야 한다. 늙을수록 더 생생해지는 믿음을 가져야 한다. 젊어서는 실수도 많으나 야곱처럼 늙어서 축복할 때는 하나님의 인도하심을 알고 정확히 축복할 줄 아는 사람이 되어야 한다.

22 믿음으로 요셉은 임종시에 이스라엘 자손들이 떠날 것을 말하고 또 자기 뼈를 위하여 명하였으며

22 It was faith that made Joseph, when he was about to die, speak of the departure of the Israelites from Egypt, and leave instructions about what should be done with his body.

11:22 믿음으로 요셉은...떠날 것을 말하고. 요셉은 하나님의 말씀에 대한 믿음을 가지고 있었기 때문에 그 말씀대로 이스라엘이 애굽을 떠날 것을 말하였다. 그리고 그때 자신의 뼈를 가지고 떠나라고 말하였다.

23 믿음으로 모세가 났을 때에 그 부모가 아름다운 아이임을 보고 석 달 동안 숨겨 왕의 명령을 무서워하지 아니하였으며

23 It was faith that made the parents of Moses hide him for three months after he was born. They saw that he was a beautiful child, and they were not afraid to disobey the king's order.

11:23 믿음으로 모세가...숨겨. 모세가 태어났을 때 애굽 왕의 명령에 의해 죽을 수밖에 없는 환경이었으나 그의 부모가 믿음으로 숨겨 그는 살아날 수 있었다. 모세의 부모 앞에는 두 가지 현실이 눈 앞에 있었다. '아름다운 아이'로 보이는 것과 '왕의 명령이라는 위험'이다. '아름다운 아이로 보았다'는 것은 이것을 믿음과 관련시키는 것을 통해 볼 때 아마 아이의 외모 속에서 하나님과의 연관성을 본 것 같다. 보이는 애굽의 왕보다 보이지 않는 하나님을 더 경외하였다.

> **24** 믿음으로 모세는 장성하여 바로의 공주의 아들이라 칭함 받기를 거절하고
> **24** It was faith that made Moses, when he had grown up, refuse to be called the son of the king's daughter.

11:24 믿음으로 모세는...거절하고. 모세는 어느 정도 자랐을 때 그 앞에 있는 두 가지 현실을 마주하였다. 그 중에 하나는 사람들이 가장 부러워하는 환경이다. 특권이다. **바로의 공주의 아들이라 칭함 받기를 거절하고.** 왜 그것을 거절하였을까?

> **25** 도리어 하나님의 백성과 함께 고난 받기를 잠시 죄악의 낙을 누리는 것보다 더 좋아하고
> **26** 그리스도를 위하여 받는 수모를 애굽의 모든 보화보다 더 큰 재물로 여겼으니 이는 상 주심을 바라봄이라
> **25** He preferred to suffer with God's people rather than to enjoy sin for a little while.
> **26** He reckoned that to suffer scorn for the Messiah was worth far more than all the treasures of Egypt, for he kept his eyes on the future reward.

11:26 수모를 애굽의 모든 보화보다 더 큰 재물로 여겼으니. 어찌하여 수모를 보화보다 더 큰 재물로 여겼을까? **상 주심을 바라봄이라.** 하나님께서 상 주신다는 것을 분명하게 현실로 받아들였기 때문이다. 지금의 보화가 아니라 하나님께서 약속하신 이후의 보화가 훨씬 더 크다는 사실을 분명히 믿었기 때문이다.

> **27** 믿음으로 애굽을 떠나 왕의 노함을 무서워하지 아니하고 곧 보이지 아니하는 자를 보는 것 같이 하여 참았으며
> **27** It was faith that made Moses leave Egypt without being afraid of the king's anger. As though he saw the invisible God, he refused to turn back.

11:27 믿음으로 애굽을 떠나. 모세는 그에게 화려한 모든 것을 제공하는 애굽을 떠났다. **보이지 아니하는 자를 보는 것 같이 하여 참았으며.** 그는 하나님이 보이지 않았지만 보이는 애굽 왕보다 더 무서워하였다. 경외하였다. 그래서 애굽은 그에게 편안한 곳이 아니라 가시 방석 같은 곳이었다.

> 28 믿음으로 유월절과 피 뿌리는 예식을 정하였으니 이는 장자를 멸하는 자로 그들을 건드리지 않게 하려 한 것이며
> 29 믿음으로 그들은 홍해를 육지 같이 건넜으나 애굽 사람들은 이것을 시험하다가 빠져 죽었으며
> 28 It was faith that made him establish the Passover and order the blood to be sprinkled on the doors, so that the Angel of Death would not kill the firstborn sons of the Israelites.
> 29 It was faith that made the Israelites able to cross the Red Sea as if on dry land; when the Egyptians tried to do it, the water swallowed them up.

11:29 믿음으로 그들은 홍해를...건넜으나. 이스라엘 백성들은 하나님의 말씀을 따라 애굽을 나왔고 하나님의 말씀을 따라 가다 보니 갈대 바다(홍해)를 건너게 되었다. **애굽 사람들은...빠져 죽었으며.** 애굽 사람들은 말씀을 따라 그곳까지 온 것이 아니다. 말씀을 따라 갈대 바다(홍해)를 건넌 것이 아니다. 그들에게 갈대 바다(홍해)는 길이 아니라 바다였다. 말씀을 따라 간 이들은 살았으나 말씀이 없이 간 그들은 바다에 빠졌다.

> 30 믿음으로 칠 일 동안 여리고를 도니 성이 무너졌으며
> 30 It was faith that made the walls of Jericho fall down after the Israelites had marched round them for seven days.

11:30 믿음으로...성이 무너졌으며. 여기에서 '믿음으로'라는 것은 무엇일까? '말씀대로'다. 자기 확신이나 욕심이 아니다. 흔히 '여리고 땅 밟기'라는 것을 하는 사람들이 있다. 대적을 무찌르거나 예배당 건축을 위해 그렇게 하기도 한다. 그러나 그러한 것은 성경적인 것이 아니다. 이스라엘 백성들이 여리고 성을 돈 것은 하나님께서 그렇게 말씀하셔서 돈 것이다. 말씀대로 성이 무너졌다. 다른 성을 공격할 때 여리고 성의 경우처럼 돈 경우가 없다. 다른 성을 점령할 때 성을 돌지 않은 것은 믿음이 없어서가 아니다. 하나님께서 돌라고 말씀하시지 않았으니 돌지 않은 것이다. 오늘날 사람들은 자신들의 욕심을 '믿음'으로 둔갑시키는 경우가 너무 많다.

> 31 믿음으로 기생 라합은 정탐꾼을 평안히 영접하였으므로 순종하지 아니한 자와 함께 멸망하지 아니하였도다
>
> 31 It was faith that kept the prostitute Rahab from being killed with those who disobeyed God, for she gave the Israelite spies a friendly welcome.

11:31 믿음으로 기생 라합은...멸망하지 아니하였도다. 그는 이스라엘에 대한 소문을 들었다. 하나님에 대한 소문을 들었다. 그리고 하나님을 신뢰하여 하나님 편에 섬으로 멸망하지 않았다. 누구든 믿음으로 사는 사람이 위대한 사람이다.

> 32 내가 무슨 말을 더 하리요 기드온, 바락, 삼손, 입다, 다윗 및 사무엘과 선지자들의 일을 말하려면 내게 시간이 부족하리로다
>
> 32 Should I go on? There isn't enough time for me to speak of Gideon, Barak, Samson, Jephthah, David, Samuel, and the prophets.

11:32 말하려면 내게 시간이 부족하리로다. 믿음은 보이지 않는 하나님을 보는 것처럼 인식하고, 미래의 일을 현재보다 더 확신하면서 살아가는 것이다. 그렇게 사는 사람이 적을 것 같다. 그러나 그렇게 사는 사람이 많다. 성경에서 말한 사람들만이 아니라 수없이 많은 사람이 그렇게 믿음으로 살았다.

> 33 그들은 믿음으로 나라들을 이기기도 하며 의를 행하기도 하며 약속을 받기도 하며 사자들의 입을 막기도 하며
>
> 33 Through faith they fought whole countries and won. They did what was right and received what God had promised. They shut the mouths of lions,

11:33 믿음으로 나라들을 이기기도 하며. 믿음은 세상에서 무엇보다 더 현실적이다. 전쟁이라는 치열한 현장에서 믿음으로 가장 큰 역할을 한 사람들이 있다. **사자들의 입을 막기도 하며.** 사람들은 다니엘의 믿음을 비웃었다. 그러나 다니엘은 믿음으로 사자들의 입에서 구원을 받을 수 있었다. 믿음이 없는 사람들에게는 믿음이 비현실처럼 보이지만 믿음을 가진 사람에게는 그것이 무엇보다 더 큰 현실이다.

보이지 않는 하나님을 믿는 신앙인이 보이는 것에 대해 말하는 세상 속에서 산다고 주변인이 되는 것은 아니다. 눈에 보이지 않지만 창조주이신 하나님이 세상의 주인이시기 때문에 세상에서 더 주인공으로 살 수 있다. 신앙인에게 중요한 것은 세상에서도 여전히 믿음으로 사는 것이다. 세상에서 승리하는 길은 세상에 맞추는 것이 아니

라 믿음에 맞추는 것이다.

> **34** 불의 세력을 멸하기도 하며 칼날을 피하기도 하며 연약한 가운데서 강하게
> 되기도 하며 전쟁에 용감하게 되어 이방 사람들의 진을 물리치기도 하며
> **34** put out fierce fires, escaped being killed by the sword. They were weak, but became
> strong; they were mighty in battle and defeated the armies of foreigners.

11:34 연약한 가운데서 강하게 되기도 하며. 연약함 가운데 있을 때 포기하지 말고 믿음으로 나가라. 만약 하나님께서 말씀하신 것이라면 기도하며 나가라. 그러면 하나님께서 강하게 하시는 것을 경험할 것이다. 약하다고 거짓과 타협하지 말고 진리를 위해서는 앞으로 나가라. 그때 하나님께서 강하게 하시는 것을 경험하게 될 것이다. 그러면 눈에 보이지 않는 하나님이 보이는 어떤 것보다 더 실제적이고 현실이라는 것을 알게 될 것이다.

> **35** 여자들은 자기의 죽은 자들을 부활로 받아들이기도 하며 또 어떤 이들은
> 더 좋은 부활을 얻고자 하여 심한 고문을 받되 구차히 풀려나기를 원하지 아니
> 하였으며
> **35** Through faith women received their dead relatives raised back to life. Others, refusing to
> accept freedom, died under torture in order to be raised to a better life.

11:35 여자들은 자기의 죽은 자들을 부활로 받아들이기도 하며. 엘리야는 과부의 아들을, 엘리사는 수넴 여인의 아들을 죽은 자에서 일으켰다. 여인들은 믿음으로 그러한 것을 경험하였다. 아주 놀라운 경험이다. 그런데 그것보다 더 놀라운 경험이 있다. **어떤 이들은 더 좋은 부활을 얻고자 하여 심한 고문을 받되 구차히 풀려나기를 원하지 아니하였으며.** 이것이 구체적으로 어느 상황인지는 모르지만 외경인 마카비2서에 '어머니와 일곱 아들의 순교' 이야기가 나온다. "그 때에 일곱 형제를 둔 어머니가 있었는데 그들은 모두 왕에게 체포되어 채찍과 가죽끈으로 고문을 당하며 율법에 금지되어 있는 돼지고기를 먹으라는 강요를 받았다. 그들 중의 하나가 대변자로 나서서 말하였다. "우리를 심문해서 무엇을 알아내겠다는 것입니까? 우리 조상의 법을 어기느니 차라리 죽고 말겠습니다."(2마카 7:1-2) '더 좋은 부활'은 죽은 자가 살아나는 것이 아니라 '진정한 부활'을 의미한다. 이것을 위해 죽음을 두려워하지 않고 결국 죽음에 이르는 경우 그것은 실패가 아니다. 더 큰 성공이다. 죽었다가 살아난 것보다 더 큰 기적

이다. 이 세상에서는 죽었어도 주님 오시는 날 영원한 나라에서 찬란하게 부활할 것이며 영광스럽게 빛날 것이기 때문이다.

> **36** 또 어떤 이들은 조롱과 채찍질뿐 아니라 결박과 옥에 갇히는 시련도 받았으며
>
> **36** Some were mocked and whipped, and others were put in chains and taken off to prison.

11:36 결박과 옥에 갇히는 시련도 받았으며. 세상에서 시련을 당하는 신앙인이 있다. 이것은 불행이 아니다. 믿음 때문에 당하는 것이라면 이것은 매우 큰 복이다. 이 세상만 생각하면 불행이겠으나 더 좋은 세상을 꿈꾸며 사는 사람에게는 복이다. 이 땅에서 믿음 때문에 고통 당한 것이 더 좋은 세상에서는 얼마나 찬란하게 빛날지를 우리는 믿는다.

> **37** 돌로 치는 것과 톱으로 켜는 것과 시험과 칼로 죽임을 당하고 양과 염소의 가죽을 입고 유리하여 궁핍과 환난과 학대를 받았으니
>
> **37** They were stoned, they were sawn in two, they were killed by the sword. They went round clothed in skins of sheep or goats—poor, persecuted, and ill-treated.

11:37 돌로 치는 것과 톱으로 켜는 것과 시험과 칼로 죽임을 당하고. 죽임을 당하였으니 끝이다. 그러나 더 좋은 세상(영원한 나라)에서 찬란하게 빛날 것이기 때문에 이것은 불행으로 끝난 것이 아니다. 복으로 마친 것이다. 복으로 빛날 것이다.

> **38** (이런 사람은 세상이 감당하지 못하느니라) 그들이 광야와 산과 동굴과 토굴에 유리하였느니라
>
> **38** The world was not good enough for them! They wandered like refugees in the deserts and hills, living in caves and holes in the ground.

11:38 이런 사람은 세상이 감당하지 못하느니라. 이것은 가치에 대한 말씀이다. 세상은 그 사람만큼의 가치가 없다는 뜻이다. 세상보다 더 좋은 세상을 품고 더 가치 있는 일을 하며 살기 때문에 세상이라는 그릇이 믿음의 사람을 담을 수 없음을 말하는 것이다. **광야와 산과 동굴과 토굴에 유리하였느니라.** '유리하였느니라'는 단어를 통해 알 수 있는 것은 그들이 세상을 떠난 것이 아니라 세상이 그들을 버린 것이다. 세상이 그들을 학대하여 그들은 어쩔 수 없이 광야와 산과 동굴 등으로 피신할 수밖에 없었다.

세상이 믿음의 사람들이 가치 없다 생각하여 버린 것이다. 그러나 실제로는 버림받은 믿음의 사람들은 세상을 다 합한 것보다 더 가치 있다.

> **39** 이 사람들은 다 믿음으로 말미암아 증거를 받았으나 약속된 것을 받지 못하였으니
> **39** What a record all of these have won by their faith! Yet they did not receive what God had promised,

11:39 이 사람들은 다 믿음으로 말미암아 증거를 받았으나. '이 사람들'은 앞에서 나온 모든 믿음의 사람들을 의미할 것이다. '증거를 받았으나'는 '인정을 받았으나'로 해석하는 것이 더 좋을 것 같다. 그들의 마지막이 어떤 모습이든 믿음으로 산 삶은 모두 하나님의 인정을 받는다. **약속된 것을 받지 못하였으니.** '약속된 것'은 구약 시대의 사람들에게는 '새 언약'을 의미할 수 있으며 모든 시대 사람들에게 궁극적으로는 '영원한 나라'를 의미한다. 그들은 그렇게 믿음으로 살았으나 실제로는 아직 하나님께서 약속하신 영원한 나라를 맞이한 것은 아니다. 그러나 세상에서 힘들게 살았다고 약속을 못 받은 것이 아니다. 모든 사람이 아직 약속된 것을 못 받았다. 진짜 중요한 것은 세상에서의 무엇이 아니라 더 좋은 세상에서의 영원한 무엇이기 때문이다.

> **40** 이는 하나님이 우리를 위하여 더 좋은 것을 예비하셨은즉 우리가 아니면 그들로 온전함을 이루지 못하게 하려 하심이라
> **40** because God had decided on an even better plan for us. His purpose was that only in company with us would they be made perfect.

11:40 하나님이 우리를 위하여 더 좋은 것을 예비하셨은즉. '더 좋은(헬, 크레이트톤)'은 신약 성경에서 15번 나오는데 히브리서에서 12번 나온다. 그만큼 매우 히브리서적인 단어다. 이것을 '탁월한'으로 해석해도 좋다. 이것은 히브리서에서 가장 중요한 단어다. '더 좋은 것'을 예비하셨다. 이것은 궁극적으로 '영원한 나라'다. 구약 시대와 오늘날 모든 사람이 하나님께서 예비하신 '더 좋은 것'을 향하여 가고 있다. **우리가 아니면 그들로 온전함을 이루지 못하게 하려 하심이라.** 애매한 말이다. 이것을 이미지로 말한다면 계주 달리기를 생각하면 좋을 것 같다. 11장 믿음장에서 나오는 믿음의 선배들이 열심히 이것을 위해 살았다. 그리고 히브리서를 기록하던 시대에 사람들이 이것을 위해 열심히 살았다. 그리고 오늘 우리가 이것을 위해 믿음으로 열심히 살아야 한

다. 그렇게 모두 함께 믿음으로 이 나라를 향해 나아갈 때 우리 모든 신앙인이 함께 '온전함'을 이루게 된다. 계주에서 한 선수가 열심히 뛰었다고 다 된 것이 아니라 모든 선수가 자신의 순서를 다 채워야 앞에서 뛴 사람의 몫이 온전해진다. 우리는 믿음으로 사는 삶의 바통을 이어받았다. 계주 선수처럼 이제 우리의 순서가 되었다. 우리는 열심히 믿음으로 살아야 한다. 그러면 믿음의 모든 사람들이 함께 주님 오실 때 온전해질 것이다. 영원한 나라에 참여하게 될 것이다.

2. 바른 태도
(12:1-29)

12장

> 1 이러므로 우리에게 구름 같이 둘러싼 허다한 증인들이 있으니 모든 무거운 것과 얽매이기 쉬운 죄를 벗어 버리고 인내로써 우리 앞에 당한 경주를 하며
> 1 As for us, we have this large crowd of witnesses round us. So then, let us rid ourselves of everything that gets in the way, and of the sin which holds on to us so tightly, and let us run with determination the race that lies before us.

12:1 구름 같이 둘러싼 허다한 증인들이 있으니. 11장에서 나온 믿음의 선배들을 통해 신앙인이 가야 하는 길을 알게 되었다. 그 길이 믿음의 길이요 옳은 길이라는 것을 그들이 증명해 주었다. 신앙인의 길은 결코 불확실하거나 모호하거나 외로운 싸움이 아니다. **우리 앞에 당한 경주를 하며.** '믿음의 길'이 앞에 놓여 있음을 말한다. '경주(헬, 아곤)'는 기본적으로 '싸우다'의 의미다. 달리기일 수도 있고, 레슬링 같은 싸움일 수도 있다. 치열한 싸움이 필요한 일이다. 무엇보다 자기와의 싸움이 필요하다. **죄를 벗어 버리고 인내로써.** 이 싸움을 위해 죄는 버려야 하고 인내로 무장해야 한다. '인내'를 말하는 것을 보면 긴 싸움이라는 것을 알 수 있다. 죄된 행위나 죄된 마음인 교만이나 탐욕 같은 것을 버려야 한다. 세상을 탐하는 마음으로 하늘 길을 갈 수 없다.

> 2 믿음의 주요 또 온전하게 하시는 이인 예수를 바라보자 그는 그 앞에 있는 기쁨을 위하여 십자가를 참으사 부끄러움을 개의치 아니하시더니 하나님 보좌 우편에 앉으셨느니라
> 2 Let us keep our eyes fixed on Jesus, on whom our faith depends from beginning to end. He did not give up because of the cross! On the contrary, because of the joy that was waiting for him, he thought nothing of the disgrace of dying on the cross, and he is now seated at the right-hand side of God's throne.

12:2 바라보자. '바라보자(헬, 아포라오)'는 '배타적 바라봄'을 의미하는 단어다. 달리기를 할 때 관중이 많아도 안 보인다. 레슬링을 할 때도 관중이 안 보인다. 우리는 오

직 예수님을 바라보아야 한다. **믿음의 주요 또 온전하게 하시는 이.** 예수님이 우리가 가는 믿음의 길을 만드셨고, 먼저 가셨고, 우리를 인도하신다. 그러니 정글에서 안내자를 따라 가듯이 오직 정신 차리고 예수님을 바라보아야 한다. 예수님은 눈에 보이지 않지만 눈에 보이는 어느 누구를 보는 것보다 더 확실히 바라보아야 한다. 우리의 유일한 길 안내자이시기 때문이다. **앞에 있는 기쁨을 위하여 십자가를 참으사.** 믿음은 미래의 일에 대한 확신이라고 했다. 예수님의 경우 미래에 있는 기쁨(백성들의 구원)을 위해 현재의 십자가를 참으셨다. 우리에게 직접 믿음의 길을 보여주신 것이다. 우리에게 지금 십자가처럼 어려움이 있어도 미래의 기쁨이 무엇인지를 더 생각하면 인내할 수 있다.

> **3** 너희가 피곤하여 낙심하지 않기 위하여 죄인들이 이같이 자기에게 거역한 일을 참으신 이를 생각하라
> **3** Think of what he went through; how he put up with so much hatred from sinners! So do not let yourselves become discouraged and give up.

12:3 이 구절의 주동사는 '생각하라(헬, 아날오기조마이)'이다. 이 단어는 조금 특이한 단어다. 산수에서 '합하다'의 의미로 사용하기도 한다. 그래서 내용을 다 고려하며 생각하라는 뜻이다. 믿음의 길은 보이지 않고 미래의 일에 대한 것이다. 그래서 때로는 지친다. 하루 벌어 일당을 받으면 돈을 받을 때 기쁨이 있다. 노동의 힘듦이 눈 녹듯 사라진다. 월급을 받을 때도 그러하다. 그러나 믿음의 일은 열매를 아주 나중에 받는다. 그래서 지칠 수 있다. 그때 '거역한 일을 참으신 분'을 생각해야 한다. 우리도 참아야 한다. 그리스도를 바라보면서, 그 일을 참는 것이 얼마나 놀라운 열매로 이어지는 지를 생각하면서 참아야 한다. 참고 또 참아야 한다.

> **4** 너희가 죄와 싸우되 아직 피흘리기까지는 대항하지 아니하고
> **4** For in your struggle against sin you have not yet had to resist to the point of being killed.

12:4 아직 피흘리기까지는 대항하지 아니하고. '피 흘리기'는 상징적으로 '모든 힘을 다하여'로 사용할 수도 있지만 말 그대로 '순교'를 의미할 수도 있다. '언제까지 참아야 할까요?'라고 말한다는 것은 아직 죽지 않았다는 것이다. 어쩌면 순교로 마칠 수도 있다. 그러니 순교까지 작정해야 한다. 신앙인은 궁극적으로 영원한 나라에서 상급을 받는다. 세상에서 꼭 화려함이나 편안함이라는 열매를 맺어야만 하는 것이 아니다.

> 5 또 아들들에게 권하는 것 같이 너희에게 권면하신 말씀도 잊었도다 일렀으되
> 내 아들아 주의 징계하심을 경히 여기지 말며 그에게 꾸지람을 받을 때에 낙심
> 하지 말라
> 5 Have you forgotten the encouraging words which God speaks to you as his sons and
> daughters? "My child, pay attention when the Lord corrects you, and do not be discouraged
> when he rebukes you.

12:5 5-6절은 잠 3:11-12을 인용한다. **너희에게 권면하신 말씀도 잊었도다.** 잠언 말씀에서 이미 가르치신 것이다. 그것을 기억해야 한다. 그래서 그것을 상기시키고자 인용한다. **내 아들아 주의 징계하심을 경히 여기지 말며.** '징계(헬, 파이데이아)'는 한글 정의가 '허물이나 잘못을 뉘우치도록 나무라며 경계함'이다. 죄와 관련하여 가르치는 것이다. 헬라어는 죄로 인하여 징계하며 가르치는 것을 의미하기도 하지만 죄와 상관없이 가르치는 것을 포함하기 때문에 징계보다는 '훈계'라고 번역하는 것이 더 좋을 것 같다. 이 단어는 '교육' '훈련' 등의 의미를 가지고 있다. 우리는 죄 때문이든 아니면 진리를 위해 바르게 사는 것 때문이든 다양한 이유 때문에 어려움이 있다. 이때 그러한 어려움을 통해 깨달음을 얻는 것을 가벼이 여기지 말라는 말씀이다. '깨달음(배움)이 조금 부족해도 좋으니 어려움이 없었으면 좋겠다'고 생각하는 사람이 있다. 그러나 그것은 영원한 나라를 준비하는 태도가 아니다. 우리는 믿음의 깨달음을 얻어야 한다. 그것이 귀하다. 그것이 죄와 싸워 이긴 모습이다.

> 6 주께서 그 사랑하시는 자를 징계하시고 그가 받아들이시는 아들마다 채찍질
> 하심이라 하였으니
> 6 Because the Lord corrects everyone he loves, and punishes everyone he accepts as his
> child."

12:6 그가 받아들이시는 아들마다 채찍질하심이라. 아들이기 때문에 때로는 채찍질을 하면서까지도 가르치는 것이다. 그러기에 다양한 어려움을 당할 때 그곳에서 믿음을 배우는 것을 귀히 여겨야 한다. 믿음을 배우는 것이 인생의 가장 큰 목적이다. 어려움이 있는지 없는지는 인생의 지극히 작은 문제다.

> 7 너희가 참음은 징계를 받기 위함이라 하나님이 아들과 같이 너희를 대우하시
> 나니 어찌 아버지가 징계하지 않는 아들이 있으리요
> 8 징계는 다 받는 것이거늘 너희에게 없으면 사생자요 친아들이 아니니라

7 Endure what you suffer as being a father's punishment; your suffering shows that God is treating you as his children. Was there ever a child who was not punished by his father?
8 If you are not punished, as all his children are, it means you are not real children, but bastards.

12:8 없으면 사생자요 친아들이 아니니라. 훈계가 없으면 사생자이다. 친아들에게는 훈계를 통해 생명의 길을 가게 한다. 풍성한 생명의 열매를 맺게 한다. 그러기에 훈계를 받는 것에 대해 불평할 것이 아니라 감사해야 한다.

9 또 우리 육신의 아버지가 우리를 징계하여도 공경하였거든 하물며 모든 영의 아버지께 더욱 복종하며 살려 하지 않겠느냐
10 그들은 잠시 자기의 뜻대로 우리를 징계하였거니와 오직 하나님은 우리의 유익을 위하여 그의 거룩하심에 참여하게 하시느니라
11 무릇 징계가 당시에는 즐거워 보이지 않고 슬퍼 보이나 후에 그로 말미암아 연단 받은 자들은 의와 평강의 열매를 맺느니라

9 In the case of our human fathers, they punished us and we respected them. How much more, then, should we submit to our spiritual Father and live!
10 Our human fathers punished us for a short time, as it seemed right to them; but God does it for our own good, so that we may share his holiness.
11 When we are punished, it seems to us at the time something to make us sad, not glad. Later, however, those who have been disciplined by such punishment reap the peaceful reward of a righteous life.

12:11 징계가 당시에는 즐거워 보이지 않고. 헬라어 모든(헬, 파스)'를 빼고 번역하였다. '모든 훈계'다. 모든 훈계가 힘들다. 그러나 그러한 과정이 있어야 하는 것은 그것을 통해 '의와 평강의 열매'를 맺게 되기 때문이다. 훈계가 있어야 우리 안에 있는 죄가 빠져 나가고 그 자리에 의와 평강의 열매가 맺는다.

인생을 편함에 목적을 둔 사람은 어려움이 없는 것이 제일 좋다. 그러나 믿음에 목적을 둔 사람은 어려움이 문제가 아니다. 어려움이 있어야 믿음을 더 이루어 간다. 그러기에 그것을 두려워하지 말아야 한다. 믿음의 길을 가기 위해서는 긴 호흡을 해야 한다.

12 그러므로 피곤한 손과 연약한 무릎을 일으켜 세우고
12 Lift up your tired hands, then, and strengthen your trembling knees!

12:12 피곤한 손과 연약한 무릎을 일으켜 세우고. 세상의 문제 때문에 손이 약해지고 무릎이 마비되어 일어날 힘조차 없을 수 있다. 그러나 그곳에 멈추어 있으면 안 된다.

일어나야 한다. 세상이 아무리 우리를 슬프게 하고 힘들게 하여도 그것에 낙심하고 주저앉아 있으면 안 된다.

> **13 너희 발을 위하여 곧은 길을 만들어 저는 다리로 하여금 어그러지지 않고 고침을 받게 하라**
> 13 Keep walking on straight paths, so that the lame foot may not be disabled, but instead be healed.
> .

12:13 발을 위하여 곧은 길을 만들어. 더이상 앞으로 갈 수 없는 길이면 길을 곧게 만들어서라도 길을 가야 한다. 편해서 가는 것이 아니다. '곧은 길'을 만드는 것은 힘을 기울이고 노력을 하여 만드는 길이다. 길이 없으면 만들어서라도 가야 한다. 우리가 가는 길은 세상의 어려움이 막을 수 있는 길이 아니다. 우리가 가는 길은 참으로 탁월하고 영광스럽다. 그러니 어떤 어려움에도 우리의 가는 길을 멈추면 안 된다.

> **14 모든 사람과 더불어 화평함과 거룩함을 따르라 이것이 없이는 아무도 주를 보지 못하리라**
> 14 Try to be at peace with everyone, and try to live a holy life, because no one will see the Lord without it.

12:14 신앙인이 좇아가야 할 두 가지를 말한다. **따르라.** '따르라(헬, 디오코)'는 단어는 본래 전투 현장에서 많이 사용한다. '추적하다' '쫓다' 등의 의미를 가지고 있다. 이것이 신약성경에서는 부정적 방향의 열심으로 '박해하다'의 의미로 자주 사용되었다. **모든 사람과 더불어 화평.** 이것은 어려운 일이지만 힘을 다해야 하는 일이다. 믿음의 길을 가는 사람과 세상의 사람은 많은 면에 있어 다르다. 그러나 그럼에도 불구하고 '화평'이 중요하다. 사실 사람들의 다툼을 보면 진리 때문이 아니라 자신들의 이기주의 때문인 경우가 많다. 그렇다면 신앙인은 더욱더 화평할 수 있다. 사람들이 탐욕으로 다툰다. 그러나 신앙인은 탐욕이 아니라 사랑이 우선이다. 십자가를 진다. 그래서 세상 사람과 더 화평할 수 있다. 신앙인이기 때문에 세상 사람과 화평할 수 없는 것이 아니라 오히려 더 화평할 수 있음이 분명하다. 그러기에 이웃과 화평을 위해 힘써야 한다. **거룩을 따르라 이것이 없이는 아무도 주를 보지 못하리라.** '거룩'은 하나님과의 관계를 위해 더욱더 중요하다. 앞에서의 '화평'이 이웃과의 관계라면 '거룩'은 하나님과의 관계를 위해 더욱더 필요하다. 그래서 이것은 조건이 붙어 있다. '이것이 없으면'이

라고 말한다. 이것은 단수이기 때문에 앞의 화평을 포함하지 않으며 오직 거룩을 의미한다. 거룩이 없으면 주를 볼 수 없다. 하나님이 거룩하시니 신앙인이 거룩해야만 하나님과 함께 할 수 있기 때문이다.

> **15** 너희는 하나님의 은혜에 이르지 못하는 자가 없도록 하고 또 쓴 뿌리가 나서 괴롭게 하여 많은 사람이 이로 말미암아 더럽게 되지 않게 하며
> **15** Guard against turning back from the grace of God. Let no one become like a bitter plant that grows up and causes many troubles with its poison.

12:15 신앙인이 하지 말아야 할 3가지를 말한다. 15-16절은 한글 성경에서는 번역하지 않았지만 '돌보라(헬, 에피스코페오)'라는 동사가 이끄는 구절이다. '감독하라'고 번역해도 된다. 무엇을 감독해야 하는지를 3가지 '없도록 하라'로 설명한다. **하나님의 은혜에 이르지 못하는 자가 없도록.** 하나님의 은혜는 참으로 크고 놀랍다. 성육신의 은혜를 어찌 무엇으로 다 설명할 수 있겠는가? 그런데 사람들이 세상에서 힘든 일이 생기면 은혜를 잊어버린다. 기쁜 일이 생겨도 은혜를 잊어버린다. 그래서 은혜를 아는 일에 이르지 못한다. **쓴 뿌리가 나서...더럽게 되지 않게 하며.** 쓴 뿌리는 독초와 같다. 아무리 몸에 좋고 맛있는 국이라 하여도 독이 조금만 들어가면 전체가 독물이 된다. 그것처럼 신앙인의 길을 가는 곳에 독초와 같은 것이 들어와서 '더럽게'하지 않도록 하라고 말한다. '더럽게(헬, 미아이노)'는 '양심이 도덕적으로 더럽혀지는 것'을 말할 때가 많다. 양심이 펑크 난 사람은 아무리 신앙의 길을 가는 것 같아도 결국 무너진다. 세상 윤리에서 그릇된 사람이 신앙이 있어 보일 수는 있다. 그러나 실제 신앙은 아니다. 그런 사람은 결코 신앙의 길을 갈 수 없다. 그러기에 양심이 바른 사람이 되어야 한다. 세상 윤리에서 부끄러움이 없어야 한다.

> **16** 음행하는 자와 혹 한 그릇 음식을 위하여 장자의 명분을 판 에서와 같이 망령된 자가 없도록 살피라
> **16** Let no one become immoral or unspiritual like Esau, who for a single meal sold his rights as the elder son.

12:16 음행하는 자. 여기에서는 아마 영적인 음행을 말할 것이다. **장자의 명분을 판 에서와 같이 망령된 자가 없도록.** 에서는 영적인 일에 관심이 없었다. 세상 일에 관심이 많았다. 그것을 음행이라 말할 수 있다.

17 너희가 아는 바와 같이 그가 그 후에 축복을 이어받으려고 눈물을 흘리며 구하되 버린 바가 되어 회개할 기회를 얻지 못하였느니라

17 Afterwards, you know, he wanted to receive his father's blessing; but he was turned away, because he could not find any way to change what he had done, even though in tears he looked for it.

12:17 회개할 기회를 얻지 못하였느니라. 이것은 믿음에 있어 회개를 말하는 것이 아니라 '축복을 받는 것'에 대한 기회를 말하는 것이다. 영적 무관심으로 인하여 그는 야곱에게 장자의 자리를 넘겨주게 되었다. 영적 무관심에 빠져 있지 않도록 해야 한다. 오늘날 사람들이 영적 복에 대해 너무 무관심하다. 교회 다니는 사람들이 모두 에서가 된 것 같다.

18 너희는 만질 수 있고 불이 붙는 산과 침침함과 흑암과 폭풍과
19 나팔 소리와 말하는 소리가 있는 곳에 이른 것이 아니라 그 소리를 듣는 자들은 더 말씀하지 아니하시기를 구하였으니

18 You have not come, as the people of Israel came, to what you can feel, to Mount Sinai with its blazing fire, the darkness and the gloom, the storm,
19 the blast of a trumpet, and the sound of a voice. When the people heard the voice, they begged not to hear another word,

12:18-19 너희는 만질 수 있고...아니라. 지금 신앙인이 가는 길을 설명하기 위해 과거에 이스라엘 백성이 모세와 함께 시내산에서 경험한 것을 비교하여 설명한다. 하나님께서 말씀하실 때 그들에게 '만질 수 있는' 형태로 나타나셨다. 오늘날 우리의 믿음은 보이지 않는 하나님을 믿는 것이다. 그래서 믿음이 더 약해질 수밖에 없다고 생각할 수 있다. 그러나 그렇지 않다. 보이는 놀라운 자연 현상과 들리는 음성으로 들려졌던 시내산 앞에서 백성들은 어떻게 하였는가? **소리를 들은 자들은 더 말씀하지 아니하시기를 구하였으니.** 그들이 거부하였다. 보이고 들리는 방식을 거부하였다. 보이고 들리니 너무 두려웠던 것이다.

20 이는 짐승이라도 그 산에 들어가면 돌로 침을 당하리라 하신 명령을 그들이 견디지 못함이라
21 그 보이는 바가 이렇듯 무섭기로 모세도 이르되 내가 심히 두렵고 떨린다 하였느니라
22 그러나 너희가 이른 곳은 시온 산과 살아 계신 하나님의 도성인 하늘의 예

20 because they could not bear the order which said, "If even an animal touches the mountain, it must be stoned to death."
21 The sight was so terrifying that Moses said, "I am trembling and afraid!"
22 Instead, you have come to Mount Zion and to the city of the living God, the heavenly Jerusalem, with its thousands of angels.

12:22 하늘의 예루살렘과 천만 천사. '시온산'과 '하나님의 도성'과 '하늘의 예루살렘'은 모두 같은 것을 말한다. 하늘의 성전이다. 히브리서 독자들은 시내산 앞에 있지 않다. 하늘의 시온산 앞에 있다. 애굽에 있는 시내산은 그냥 산이었다. 그러나 지금 하늘의 시온산은 하나님께서 충만히 거하시는 곳이다. '천만 천사'가 하나님을 찬양하며 있는 아주 거룩한 곳이다. 시내산 정상에서 그 아래에 있던 이스라엘 백성까지 물리적 거리와 하늘의 시온산에서 히브리서 독자들까지 물리적 거리의 차이는 어떨까? 하늘의 시온산 앞에 있는 것이 훨씬 더 가깝다. 그것을 믿음으로 보아야 한다. 그렇다면 시내산 아래에서보다 더 떨어야 한다. 오늘날 우리들이 그러하다.

23 하늘에 기록된 장자들의 모임과 교회와 만민의 심판자이신 하나님과 및 온전하게 된 의인의 영들과
23 You have come to the joyful gathering of God's firstborn, whose names are written in heaven. You have come to God, who is the judge of all people, and to the spirits of good people made perfect.

12:23 하늘에 기록된 장자들의 모임. 이들은 구약 시대와 모든 시대에 걸쳐 살아온 모든 믿음의 사람을 말한다. '장자'라고 말한 것은 '장자'만을 말하기 위한 것이 아니라 '유업을 받는 백성'이라는 것을 상징한다. 남녀 모든 믿는 사람을 의미한다. 하늘의 성예루살렘에 하나님과 믿는 이들과 천사들까지 모두 있다. 이 땅에서 신앙의 길을 가는 사람들은 그 앞에 있다. 하늘의 예루살렘이 신앙인 앞에 있음을 시내산 앞에 있던 이스라엘 백성들보다 더 분명하게 인식해야 한다. 그래야 믿음의 길을 갈 수 있다. 시내산 앞에서 떨었던 이들보다 하늘의 예루살렘 앞에서 더 떨어야 한다. 보이지 않지만 실제로는 더 가까이 우리 앞에 있기 때문이다. 훨씬 더 실제적이다.

24 새 언약의 중보자이신 예수와 및 아벨의 피보다 더 나은 것을 말하는 뿌린 피니라
24 You have come to Jesus, who arranged the new covenant, and to the sprinkled blood

that promises much better things than does the blood of Abel.

12:24 아벨의 피보다 더 나은 것. 아벨의 피는 원수 갚음을 호소하는 피다. 그런데 예수님의 피는 '용서'를 선포하는 피다. 그것을 인식하기만 한다면 용서받고 영광의 길을 가게 된다. 얼마나 은혜로운 일인가? 그러니 우리는 눈을 열어 하늘의 예루살렘을 보도록 해야 한다. 예수 그리스도의 피를 보아야 한다.

25 너희는 삼가 말씀하신 이를 거역하지 말라 땅에서 경고하신 이를 거역한 그들이 피하지 못하였거든 하물며 하늘로부터 경고하신 이를 배반하는 우리일까보냐
25 Be careful, then, and do not refuse to hear him who speaks. Those who refused to hear the one who gave the divine message on earth did not escape. How much less shall we escape, then, if we turn away from the one who speaks from heaven!

12:25 땅에서 경고하신 이를 거역한 그들이 피하지 못하였거늘. 이스라엘 백성들이 광야에서 하나님의 말씀을 거역함으로 가나안에 들어가지 못하였던 엄중함을 기억해야 한다. **하늘로부터 경고하신 이를 배반하는 우리일까보냐.** 하늘의 예루살렘에서 말씀하시는 경고를 듣지 않으면 우리는 더욱더 큰 엄중한 일을 당하게 될 것이다. 성육신을 듣고도 순종하지 않는 것은 더욱더 큰 배신이다.

26 그 때에는 그 소리가 땅을 진동하였거니와 이제는 약속하여 이르시되 내가 또 한 번 땅만 아니라 하늘도 진동하리라 하셨느니라
26 His voice shook the earth at that time, but now he has promised, "I will once more shake not only the earth but heaven as well."

12:26 그 때에는 그 소리가 땅을 진동하였거니와. 하나님께서 시내산에서 말씀하실 때 땅이 진동하였다. **땅만 아니라 하늘도 진동하리라.** 하늘도 진동하는 아주 놀라운 일이 일어날 것이다. 주님 재림하셔서 새하늘과 새 땅이 이 땅에 이루어질 때는 땅이 진동하는 두려움만 가지겠는가? 아주 큰 놀라움과 두려움을 갖게 될 것이다. 그때는 놀라운 심판도 있다. 그러니 더욱더 두려워하게 될 것이다.

27 이 또 한 번이라 하심은 진동하지 아니하는 것을 영존하게 하기 위하여 진동할 것들 곧 만드신 것들이 변동될 것을 나타내심이라

28 그러므로 우리가 흔들리지 않는 나라를 받았은즉 은혜를 받자 이로 말미암아 경건함과 두려움으로 하나님을 기쁘시게 섬길지니

27 The words "once more" plainly show that the created things will be shaken and removed, so that the things that cannot be shaken will remain.
28 Let us be thankful, then, because we receive a kingdom that cannot be shaken. Let us be grateful and worship God in a way that will please him, with reverence and awe;

12:28 우리가 흔들리지 않는 나라를 받았은즉. 우리는 하나님께서 말씀하실 때 흔들렸던 시내산이 아니라 하늘의 예루살렘의 백성으로 부름을 받았다. 그 나라는 변함이 없다. 영원하다. 그러니 우리는 그 나라를 바라보아야 한다. **은혜를 받자.** '감사하자 (헬, 에코멘 카린)'라고 번역하는 것이 더 좋을 것 같다. 영원한 나라를 우리에게 주시기 위해 모든 일을 하신 하나님을 바라보며 우리는 진정으로 감사해야 한다. 세상 모든 것을 가지게 된 것보다 더 큰 감사의 마음을 가져야 한다. **하나님을 기쁘시게 섬길지니.** '하나님께서 기뻐하실만한 예배를 드리자'라고 번역할 수 있다. 이것은 공적인 예배도 포함하면서 13절에서 말하는 삶의 예배까지 포함할 것이다. 우리가 성육신의 사랑 앞에서 믿음의 길을 간다는 것은 또한 크고 놀라운 책임을 수반한다. 우리를 위해 탁월한 일을 행하신 예수님 앞에서 우리는 또한 탁월한 믿음의 삶을 살아야 한다. 이것은 큰 권리이며 또한 큰 책임이다. 하나님의 은혜와 놀라운 영원한 나라를 아는 사람이 어찌 하나님을 예배하지 않을 수 있겠는가? 어찌 하나님께서 기뻐하는 삶을 살지 않을 수 있겠는가?

29 우리 하나님은 소멸하는 불이심이라

29 because our God is indeed a destroying fire.

12:29 하나님은 소멸하는 불. 경고로 말한다. '불'은 거짓을 심판하시는 모습을 상징한다. 하나님의 놀라운 은혜는 또한 놀라운 심판을 동반한다. 이 엄중한 경고의 말씀을 들어야 한다.

3. 삶 예배
(13:1-25)

13장

1 형제 사랑하기를 계속하고
1 Keep on loving one another as Christian brothers and sisters.

13:1 형제 사랑. '형제'는 믿음의 형제들을 의미한다. 구약 시대의 혈연적 가족이나 이스라엘 민족을 부를 때 이 단어를 사용했다. 믿음의 형제들을 특별히 더 사랑해야 한다. 그들이 믿음의 길을 잘 가도록 사랑으로 섬겨야 한다. **계속하고.** 형제 사랑은 가까이에 있다 보니 때때로 잊을 때가 있다. 다음에도 기회가 있을 것이라고 생각한다. 그러나 그렇지 않다. 우리는 가까이에 있는 믿음의 형제들을 더욱 많이 사랑해야 한다. 우리가 얼마나 많이 지속적으로 사랑했는지를 하나님께서 나중에 심판하실 때 다 기억하신다. 그러기에 할 수만 있다면 더 많이 사랑해야 한다. 마치 학교 성적 관리하듯이 이웃 사랑을 열심히 관리하면서 사랑해야 한다.

2 손님 대접하기를 잊지 말라 이로써 부지중에 천사들을 대접한 이들이 있었느니라
2 Remember to welcome strangers in your homes. There were some who did that and welcomed angels without knowing it.

13:2 손님 대접하기를 잊지 말라. 이웃 중에 조금 더 도움이 필요한 이웃이 있다. 여관이 거의 없고 위험하기도 한 이 당시의 문화에서 '손님'은 도움이 필요한 사람이다. 손님을 돕는 것이 자기 자신에게는 아무 도움이 안 된다. 그의 집에 내가 손님으로 갈 일이 거의 없기 때문이다. 그러나 인생은 그렇게 생각대로 되는 것이 아니다. **부지중에 천사들을 대접한 이들이 있었느니라.** 그 손님으로부터 전혀 도움을 받지 않을 것이라고 생각하지만 그것을 어찌 아는가? 손님을 돕는 것은 전혀 생각하지도 않았지만 결국 아주 중요한 일을 하는 것이 될 수도 있다. 그러기에 잘 모르는 사람이라 하여도

그가 진정 도움이 필요한 사람인 것 같으면 도움을 주는 일에 인색하지 말아야 한다. 또한 그 손님은 떠나가더라도 하나님께서 기억하신다. 우리는 하나님을 예배하는 마음으로 손님 대접하기를 힘써야 한다. 나에게 도움이 안 되어도 도움이 필요한 이웃을 도와야 한다.

> 3 너희도 함께 갇힌 것 같이 갇힌 자를 생각하고 너희도 몸을 가졌은즉 학대 받는 자를 생각하라
> 3 Remember those who are in prison, as though you were in prison with them. Remember those who are suffering, as though you were suffering as they are.

13:3 갇힌 자를 생각하고. 가장 도움이 필요한 형제가 있다. 이 당시 감옥에 가면 그곳에서 먹고 생활하는 것을 감옥에 갇힌 사람이 감당해야 했다. 감옥에 갇혀 돈을 벌 수 없는데 그곳에서 먹고 살아야 하기 때문에 더 도움이 필요하였다. 그렇게 도움이 많이 필요한 형제를 도와야 한다. 특히 이 당시에 신앙인이 감옥에 갇혔다면 믿음 때문에 그랬을 가능성이 높다. 그렇다면 더욱더 도와야 한다. **너희도 몸을 가졌은즉 학대 받는 자를 생각하라.** 믿음 때문에 학대받는 형제가 있다면 그 학대를 그의 것으로만 생각하지 말고 적극적으로 도와야 한다. '너희도 몸을 가졌은즉'이라고 말한다. 우리가 직접 학대받는 것을 가정해 보아야 한다. 내가 학대를 받지 않는 것만으로도 학대를 받는 이를 더욱 불쌍히 여겨야 한다. 우리 또한 언제든지 학대를 받을 수 있기 때문에 학대받는 어려움에 처한 형제에 무관심하지 말아야 한다.

> 4 모든 사람은 결혼을 귀히 여기고 침소를 더럽히지 않게 하라 음행하는 자들과 간음하는 자들을 하나님이 심판하시리라
> 4 Marriage is to be honoured by all, and husbands and wives must be faithful to each other. God will judge those who are immoral and those who commit adultery.

13:4 결혼을 귀히 여기고. 신앙인은 자기 자신을 사랑해야 한다. 자기 자신을 사랑하는 것은 자기 자신이 하고 싶은대로 하는 것을 의미하지 않는다. 자기 자신을 성결하게 가꾸어 가는 것을 의미한다. **간음하는 자들을 하나님이 심판하시리라.** 간음하는 것이 이 당시에는 크게 문제가 되지 않았다. 어떤 면에 있어서는 권장되기도 하였다. 사회가 관용하고 자기 자신이 좋아한다 하여도 우리는 하나님께서 창조주이신 것을 기억해야 한다. 창조주이신 하나님께서 그것을 악하다 하시면 악이다. 그러기에 우리는

하나님을 바라보아야 한다. 하나님의 뜻에 따라 자기 자신을 절제해야 한다. 그것이 진정 자기 자신을 사랑하는 길이다.

> **5** 돈을 사랑하지 말고 있는 바를 족한 줄로 알라 그가 친히 말씀하시기를 내가 결코 너희를 버리지 아니하고 너희를 떠나지 아니하리라 하셨느니라
> **5** Keep your lives free from the love of money, and be satisfied with what you have. For God has said, "I will never leave you; I will never abandon you."

13:5 돈을 사랑하지 말고. 사람들은 돈을 사랑하는 것이 자기 자신을 사랑하는 것으로 착각한다. 그러나 돈을 사랑하면 돈의 노예가 되는 경우가 훨씬 더 많다. 돈은 이 세상에서는 가장 필요한 것이지만 영원한 나라에서는 가장 필요 없는 것이다. 그러기에 돈을 사랑하다 진리를 놓치지 않도록 해야 한다. **있는 바를 족한 줄로 알라.** 지금 가지고 있는 것에 대해 만족하지 못하면 결국 돈의 노예가 되기 쉽다. 많은 사람이 현재 자기의 소유에 만족하지 못하는 경우가 많다. 그래서 돈의 노예가 되곤 한다. 지금 소유가 얼마이든 일단 그것에 만족하는 마음이 필요하다. 더 갖고자 하는 마음은 잘못이 아니다. 그러나 지금 가지고 있는 것에 대해 만족하지 못하는 것은 잘못이다. 지금 내가 가지고 있는 것에는 하나님의 인도하심이 있기 때문이다. **내가 결코 너희를 버리지 아니하고.** 돈은 우리를 버리고 떠날 때가 있다. 그러나 하나님은 우리를 떠나지 않으신다. 그러기에 돈으로 만족하는 것이 아니라 하나님으로 만족해야 한다. 잘못하면 우리는 하나님의 자리에 돈을 두기 쉽다. 언제든지 나를 버리고 떠날 것을 그렇게 사랑하는 것은 자기 자신을 바르게 사랑하는 모습이 아니다.

> **6** 그러므로 우리가 담대히 말하되 주는 나를 돕는 이시니 내가 무서워하지 아니하겠노라 사람이 내게 어찌하리요 하노라
> **6** Let us be bold, then, and say: "The Lord is my helper, I will not be afraid. What can anyone do to me?"

13:6 주는 나를 돕는 이시니. 돈이 우리를 떠날 때 그것 때문에 좌절하지 말고 돈은 떠났어도 '주는 나를 돕는 분'이라는 고백을 해야 한다. 돈이 있으면 우리가 어려움을 겪을 때 돈으로 해결할 수 있다. 돈이 없으면 도울 것이 없는가? 아니다. 하나님께서 친히 우리를 도우신다. 지혜롭고 풍성하고 영광스럽게 도우신다. 내 멋대로 돈으로 해결하는 것보다 훨씬 더 좋다. 그러니 돈을 사랑할 것이 아니라 하나님을 사랑해야 한다.

7 하나님의 말씀을 너희에게 일러 주고 너희를 인도하던 자들을 생각하며 그들의 행실의 결말을 주의하여 보고 그들의 믿음을 본받으라
7 Remember your former leaders, who spoke God's message to you. Think back on how they lived and died, and imitate their faith.

13:7 말씀을 너희에게 일러 주고. 7-8절은 지도자에 대한 이야기다. 말씀을 가르치는 지도자에 대한 이야기다. **인도하던 자들을 생각하며.** 이전에 말씀을 가르쳐주던 리더에 대한 말이다. 리더들의 가르침과 행실을 잘 기억하고 본받아야 한다. 리더가 세워진 것은 나를 위한 것이다. 하나님께서 그 사람을 위해 리더를 보내신 것이다.

8 예수 그리스도는 어제나 오늘이나 영원토록 동일하시니라
8 Jesus Christ is the same yesterday, today, and for ever.

13:8 영원토록 동일하시니라. 아마 7절과 연결된 설명일 것이다. 예수님께서 믿음의 사람들을 인도하시는 것은 과거나 오늘이나 동일하시다. 그러기에 과거의 리더나 지금의 리더 속에서 예수님의 인도하심이 무엇인지를 동일하게 볼 수 있다. 리더의 인도 속에서 예수님의 인도를 보아야 한다. 예수님의 인도하심을 받을 때 우리는 우리를 더욱더 사랑할 수 있게 된다.

9 여러 가지 다른 교훈에 끌리지 말라 마음은 은혜로써 굳게 함이 아름답고 음식으로써 할 것이 아니니 음식으로 말미암아 행한 자는 유익을 얻지 못하였느니라
9 Do not let all kinds of strange teachings lead you from the right way. It is good to receive inner strength from God's grace, and not by obeying rules about foods; those who obey these rules have not been helped by them.

13:9 다른 교훈에 끌리지 말라. 다른 교훈은 아마 주로 음식으로 정결하게 되는 것과 음식으로 제사를 드리는 것에 대한 말인 것 같다. **마음은 은혜로써 굳게 함이 아름답고.** 이제 '은혜'로 마음을 정결하게 해야 한다. 정결하게 되고 거룩하게 되고 궁극적으로는 구원에 이르는 것은 어떤 의식이 아니다. 오직 은혜로 되는 것이다. 그래서 은혜를 아는 것이 가장 중요하다. 심지어는 믿음으로도 구원을 얻는 것이 아니다. 은혜 없으면 믿음은 아무것도 아니다. 우리가 아무리 믿음을 가져도 그것이 구원받기에 필요충분한 조건이 되는 것이 아니다. 사실 믿음보다 더 근본적인 것이 은혜다. 하나님께

서 은혜를 베푸셨기 때문에 믿음으로 구원을 얻을 수 있는 것이다. 그래서 루터는 '수동적 의'라고 말하였다. 우리가 의인이 되는 것은 오직 하나님의 은혜로 받는 수동적인 것이다. 그러기에 신앙인은 '무엇을 함으로'가 아니라 은혜로 구원에 이른다는 것을 명심해야 한다. 그래서 중요한 것은 은혜를 아는 것이다. 깊이 아는 것이다.

> **10** 우리에게 제단이 있는데 장막에서 섬기는 자들은 그 제단에서 먹을 권한이 없나니
> **10** The priests who serve in the Jewish place of worship have no right to eat any of the sacrifice on our altar.

13:10 우리에게 제단이 있는데. 그리스도의 유월절 완성으로 성만찬을 하게 되었는데 그것을 말하는 것으로 보인다. **장막에서 섬기는 자들은 그 제단에서 먹을 권한이 없나니.** '장막'은 성전을 상징한다. 당시 헤롯 성전에서 제사드리며 먹는 이들은 성만찬에 참여할 자격이 없다. 이것은 이제 과거의 이스라엘이 더이상 믿음의 조상이 아님을 선포하는 것이다. 이전에 이스라엘 백성은 믿음의 조상이었으나 예수님의 십자가 이후에는 육적 이스라엘과 영적 이스라엘이 완전히 구분된다. 그들은 더이상 믿음의 조상이 아니다. 그들은 메시야를 믿지 않는 불신앙의 사람들이다. 그들은 성만찬에 합당하지 않다.

> **11** 이는 죄를 위한 짐승의 피는 대제사장이 가지고 성소에 들어가고 그 육체는 영문 밖에서 불사름이라
> **11** The Jewish High Priest brings the blood of the animals into the Most Holy Place to offer it as a sacrifice for sins; but the bodies of the animals are burnt outside the camp.

13:11 그 육체는 영문 밖에서 불사름이라. 대속죄일에 제물의 피는 성소에 뿌렸지만 제물은 영문 밖에서 태웠다. 제사를 드리는 이들은 제사드리는 제물을 먹을 권한이 없었다. 그것처럼 성만찬의 빵과 포도주는 예수님의 임재가 있는 것이기 때문에 유대인들은 그것을 먹을 수 없다. 예수 그리스도의 성만찬을 먹지 않는 이들은 예수님과 상관 없는 사람들이다.

> **12** 그러므로 예수도 자기 피로써 백성을 거룩하게 하려고 성문 밖에서 고난을 받으셨느니라

12 For this reason Jesus also died outside the city, in order to purify the people from sin with his own blood.

13:12 백성을 거룩하게 하려고 성문 밖에서 고난을 받으셨느니라. 그들을 위해 고난 받으신 예수님의 살과 피를 먹지 못한다는 것은 그들은 믿음 밖의 사람들이라는 뜻이다. 그것은 성만찬만 먹을 자격이 없는 것이 아니라 구원의 자격도 없다.

13 그런즉 우리도 그의 치욕을 짊어지고 영문 밖으로 그에게 나아가자
13 Let us, then, go to him outside the camp and share his shame.

13:13 치욕을 짊어지고 영문 밖으로 그에게 나아가자. 상징적이며 실제적인 말씀이다. 그리스도의 은혜를 아는 것은 추상적인 것이 아니다. 구원을 위해 자기 욕심을 채우는 것이 아니다. 오히려 '치욕'으로 가는 것이다. 자기를 위해 살던 삶에서 자기를 버리는 삶으로 나가게 된다. 우리에게 은혜를 주신 그리스도께서 영문 밖에서 십자가를 지셨다. 우리가 편안한 '영문 안에' 있으면 안 된다. 밖으로 나가지 않으면 그리스도의 은혜를 결코 알 수 없다.

14 우리가 여기에는 영구한 도성이 없으므로 장차 올 것을 찾나니
14 For there is no permanent city for us here on earth; we are looking for the city which is to come.

13:14 여기에는 영구한 도성이 없으므로. 세상을 '임시적인 영문'으로, 하나님 나라는 '영구한 도성'으로 대조하고 있다. 세상에서는 여전히 영문이 안전한 것 같다. 그러나 믿음으로 보기 시작하면 우리에게는 영구한 도성이 있음을 알게 된다. 그 도성을 바라는 사람은 '세상의 영문' 밖으로 나가야 함을 알게 된다.

15 그러므로 우리는 예수로 말미암아 항상 찬송의 제사를 하나님께 드리자 이는 그 이름을 증언하는 입술의 열매니라
15 Let us, then, always offer praise to God as our sacrifice through Jesus, which is the offering presented by lips that confess him as Lord.

13:15 항상 찬송의 제사를 하나님께 드리자. 영문 밖으로 나가는 것이 무엇일까? 유대인들은 여전히 성전 제사를 드리고 있었다. 그러나 신앙인들은 이제 '찬송의 제사'를

드린다. 이것은 음식 제사가 아니라 마음의 제사인 것을 기억해야 한다. 찬송하며 예배하는 것을 또 하나의 의식으로 만들면 안 된다. 이것 또한 하나의 의식일 수 있다. 그러나 이것을 해야만 구원에 이른다는 기계적인 의식이 아니다. 단순히 예배하는 것이 아니라 마음으로 예배하는 것이 더욱더 중요하다. '항상'이라고 말한다. 예배드림이 의식은 아니지만 항상 드려야 하는 것을 알아야 한다. 어쩌면 의식으로 하는 것보다 마음으로 하는 것이기 때문에 더욱더 항상 해야 한다. 예배해야만 구원에 이르는 것은 아니지만 예배하지 않고 구원에 이르지는 못한다. **그 이름을 증언하는 입술의 열매니라.** '열매'는 나무의 본질을 말해준다. 그것처럼 마음으로 드리는 예배는 우리의 내면의 본질을 말해준다. 은혜를 아는 사람이라면 당연한 열매로서 예배하는 사람이 된다는 것을 볼 수 있다. 예배하는 것은 영문 밖으로 나가는 자기 희생의 삶이다. 예배하기 위해서는 자신의 많은 것을 희생해야 한다. 얻는 것은 지극히 적다. 세상은 예배한다고 칭찬하거나 인정해주지 않는다. 예배하지 않는다고 감옥에 보내지도 않는다. 그래서 사람들은 예배하지 않는 것을 아주 쉽게 생각한다. 그러나 은혜를 아는 사람에게 예배하지 않는 것은 감옥에 가는 죄보다 더 큰 아픔이고 죄다.

> **16** 오직 선을 행함과 서로 나누어 주기를 잊지 말라 하나님은 이같은 제사를 기뻐하시느니라
> **16** Do not forget to do good and to help one another, because these are the sacrifices that please God.

13:16 선을 행함과 서로 나누어 주기를 잊지 말라. 영문 밖으로 나가는 것은 삶의 예배도 포함한다. '잊지 말라'는 '소홀히 하지 마라' '게을리하지 마라'고 번역해도 좋다. 게을리하기 쉽기 때문에 그것을 위해 조금 더 노력해야 한다는 의미다. '선을 행함'은 조금 더 포괄적이고 '서로 나누어 주는 것(구제)'는 선을 행함의 실례 중에 하나를 구체적으로 말한 것이다. 선을 행해야 하는데 구체적으로 하나를 예로 들면 '구제'를 열심히 해야 한다는 의미다. 안 해도 되는 일 같다. 그러나 해야 한다. 조금 더 노력을 해서 해야 하는 일이다. **하나님은 이같은 제사를 기뻐하시느니라.** '하나님께서 기뻐하시는 것'은 모든 신앙인의 삶의 기준이다. 하나님께서 이러한 것을 기뻐하신다면 우리는 당연히 힘을 다해야 한다. **이같은 제사.** 삶의 예배라고 말할 수 있다. 그것은 이제 이전에 동물로서 드리던 제사 이상의 의미를 갖는다. 유대인의 동물 제사에 기웃거릴 것이 아니라 자신이 드려야 하는 삶의 제사에 마음을 쏟아야 한다. 엉뚱한 것에 마음 빼앗기지 말고 우리가 드려야 하는 삶의 제사에 마음을 기울여야 한다.

17 너희를 인도하는 자들에게 순종하고 복종하라 그들은 너희 영혼을 위하여 경성하기를 자신들이 청산할 자인 것 같이 하느니라 그들로 하여금 즐거움으로 이것을 하게 하고 근심으로 하게 하지 말라 그렇지 않으면 너희에게 유익이 없느니라

17 Obey your leaders and follow their orders. They watch over your souls without resting, since they must give God an account of their service. If you obey them, they will do their work gladly; if not, they will do it with sadness, and that would be of no help to you.

13:17 너희를 인도하는 자들에게 순종하고 복종하라. '순종하라(헬, 페이또)'는 '신뢰하라'로 번역도 가능하다. 교회에서 목회자들을 신뢰하고 순종하는 것이 중요하다. 목회자들에게 아쉬움이 많은 것 또한 사실이다. 그래도 다수가 신뢰할 수 있고 순종할만하다. 그들이 가르치는 것은 더욱더 그러하다. 특히 가르치는 것이 성경을 기반으로 한다고 생각된다면 절대적으로 신뢰하고 순종해야 한다. **그들은 너희 영혼을 위하여 경성하기를.** '경성하다(헬, 아그뤼프네오)'는 '돌보다'라는 뜻이다. 그들은 신자들의 영혼이 건강하도록 돕기 위해 있는 사람들이다. 영혼을 돌보는 사람들이다. 그러기에 영혼의 건강을 위해서는 더욱더 순종해야 한다. **자신들이 청산할 자인 것 같이 하느니라.** 목회자는 자신들이 맡은 양에 대해 하나님 앞에서 결산할 때가 있다. 그들은 자신의 삶만이 아니라 그들이 목양했던 사람들의 신앙에 대해서도 결산할 때가 있다. 특히 바르게 가르쳤는지를 가지고 더욱더 결산할 것이다. 그러니 목회자들은 자신을 잘 돌아보며 가르쳐야 하고, 성도들은 가르침을 잘 받아야 한다. **그들로 즐거움으로 이것을 하게 하고 근심으로 하게 하지 말라.** 자신의 교회 목회자는 자신 때문에 기쁨으로 목회하고 있는 것 같은가? 목회자는 성도들이 믿음의 길을 잘 갈 때 행복하다. 그러니 믿음의 길을 잘 가서 목회자들이 행복한 목회를 하도록 해야 한다. 나 때문에 근심하지 않도록 해야 한다. **자신들이 청산할 자인 것 같이 하느니라.** 목회자들은 자신들이 맡은 양들에 대해 하나님 앞에서 결산할 때가 있다. 그들은 자신의 삶만이 아니라 그들이 목양했던 사람들의 신앙에 대해서도 결산할 때가 있다. 특히 바르게 가르쳤는지를 가지고 더욱더 결산될 것이다. 그러니 목회자들은 자신을 잘 돌아보며 가르쳐야 하고, 성도들은 가르침을 잘 받아야 한다. **그렇지 않으면 너희에게 유익이 없느니라.** '열매가 적다'라고 번역해도 좋다. 목회자가 기뻐하는 신앙생활을 하지 못한다면 열매가 적은 삶이라 말할 수 있다. 목회자와 함께 발을 맞추며 걸어가는 것은 신앙생활을 할 때 중요한 요소다. 목회자의 요청에 응답하라. 개인적인 욕심인 것 같으면 응답하지 않아도 좋으나 하나님 나라를 위한 마음으로 요청하면 응답하라.

18 우리를 위하여 기도하라 우리가 모든 일에 선하게 행하려 하므로 우리에게 선한 양심이 있는 줄을 확신하노니

18 Keep on praying for us. We are sure we have a clear conscience, because we want to do the right thing at all times.

13:18 우리를 위하여 기도하라. 히브리서 저자가 기도를 요청할 때 일방적인 요청일까? 아닐 것이다. 그도 분명 히브리서의 수신자들을 위해 기도하고 있을 것이다. 기도는 서로 해야 한다. 기도 요청은 책임을 수반한다. **우리에게 선한 양심이 있는 줄을 확신하노니.** 히브리서 저자는 자신들이 선한 양심으로 이 일을 하고 있으니 자신들을 위해 기도하는 것이 합당하다고 말한다. 하나님을 향하여 부끄러움 없이 일을 하고 있기 때문에 기도를 요청할 수 있었다. 나쁜 일을 하면서 기도를 요청하면 그것은 동반 범죄자로 요청하는 것이다. 그래서 기도는 모르는 사람을 위해 함부로 기도하는 것이 아니다. 기도가 얼마나 구체적이고 실제적인지를 아는 사람은 책임감 있게 기도한다. 성도와 목회자가 서로 기도하는 것은 매우 중요하다.

19 내가 더 속히 너희에게 돌아가기 위하여 너희가 기도하기를 더욱 원하노라

19 And I beg you even more earnestly to pray that God will send me back to you soon.

13:19 너희가 기도하기를 더욱 원하노라. 히브리서 저자는 서로 기도함으로 만들어가는 세상을 알았다. 그와 히브리서 수신자들이 함께 일을 이루어 간다. 그들이 혼자 원하는 것이 아니라 히브리서 수신자들이 그것을 함께 원할 때 더욱더 이루어진다는 것을 알았다. 그리고 그러한 모든 것을 하나님께 기도함으로 이루어 간다는 것을 알았다. 그렇게 하늘을 바라보며 함께 길을 걸어갈 때 믿음의 길을 걸어갈 수 있다는 것을 알았기 때문이다.

20 양들의 큰 목자이신 우리 주 예수를 영원한 언약의 피로 죽은 자 가운데서 이끌어 내신 평강의 하나님이

20 God has raised from death our Lord Jesus, who is the Great Shepherd of the sheep as the result of his blood, by which the eternal covenant is sealed. May the God of peace provide you with every good thing you need in order to do his will, and may he, through Jesus Christ, do in us what pleases him. And to Christ be the glory for ever and ever! Amen.

13:20 양들의 큰 목자이신 우리 주 예수. 교회 목회자들이 있다. 그러나 그것으로 끝이 아니다. 큰 목자이시며 유일한 목자이신 예수님이 계신다. 그래서 신앙인은 목회자나

성도나 모두 큰 목자이신 예수님을 바라보아야 한다. 목자이시다. 눈에 보이는 작은 목자인 사람 목회자보다 눈에 보이지 않지만 큰 목자이신 예수님을 더욱더 의식하면서 살아야 한다. 그것이 믿음이다.

> **21** 모든 선한 일에 너희를 온전하게 하사 자기 뜻을 행하게 하시고 그 앞에 즐거운 것을 예수 그리스도로 말미암아 우리 가운데서 이루시기를 원하노라 영광이 그에게 세세무궁토록 있을지어다 아멘

13:21 20-21절은 한 문장이다. 축복기도다. **너희를 온전하게.** '온전하게 한다(헬, 카타르티조)'는 이 문장의 동사로서 '준비시킨다'라는 말이다. **자기의 뜻을 행하게 하시고.** 하나님의 뜻을 행하도록 준비시키신다는 말이다. 예수 그리스도의 피로 새 언약을 준비하고, 그리스도의 부활을 통해 평강의 영원한 나라를 준비하셨다. **그 앞에 즐거운 것을 예수 그리스도도 말미암아 우리 가운데서 이루시기를 원하노라.** 하나님께서 기뻐하시는 뜻을 우리를 통해 이루어 가신다는 것이 얼마나 기쁘고 영광스러운 일이겠는가? 히브리서 저자만이 아니라 독자들을 통해서도 그 일을 하신다. 그래서 그렇게 기도하고 있다. 지금 나의 삶을 통해 하나님께서 기뻐하시는 일을 하고 계시다는 것을 알면 우리는 참으로 기쁘고 영광스럽게 생각하게 될 것이다. 세상 사람들 비위를 맞추며 그들이 기뻐하는 삶을 사는 것이 아니라 하나님께서 기뻐하시는 탁월한 삶을 산다는 것이 얼마나 영광이겠는가? **영광이 그에게 세세무궁토록 있을지어다.** 세상은 오직 창조주이신 하나님께 영광이 되어야 한다. 하나님을 모르고 하나님께 영광을 모르고 자기 멋대로 사는 것이 얼마나 비극일까? 그러한 삶을 떠나 탁월한 삶을 살아야 하지 않겠는가? 영원히 영광스러운 하나님의 뜻을 오늘 우리가 이루며 사는 것은 참으로 큰 영광이다. 탁월한 삶이다.

> **22** 형제들아 내가 너희를 권하노니 권면의 말을 용납하라 내가 간단히 너희에게 썼느니라
> **23** 우리 형제 디모데가 놓인 것을 너희가 알라 그가 속히 오면 내가 그와 함께 가서 너희를 보리라
> **24** 너희를 인도하는 자들과 및 모든 성도들에게 문안하라 이달리야에서 온 자들도 너희에게 문안하느니라
> **25** 은혜가 너희 모든 사람에게 있을지어다
> 22 I beg you, my brothers and sisters, to listen patiently to this message of encouragement;

for this letter I have written to you is not very long.

23 I want you to know that our brother Timothy has been let out of prison. If he comes soon enough, I will have him with me when I see you.

24 Give our greetings to all your leaders and to all God's people. The brothers and sisters from Italy send you their greetings.

25 May God's grace be with you all.

13:24 이달리야에서 온 자들도 너희에게 문안하느니라. 히브리서 저자가 이탈리아의 로마에서 히브리서를 쓰고 있는 것일 수도 있고 아니면 로마에 편지를 쓰고 있는 것일 수도 있다. 후자가 더 자연스러운 번역인 것 같다. 히브리서 저자가 누구인지는 정확히 모른다. 그러나 디모데를 잘 알고 로마교회를 잘 아는 사람인 것 같다. 구약 성경을 잘 아는 사람인 것 같다.

히브리서 (성경, 이해하며 읽기)

발행	2024년 9월 1일
저자	장석환
펴낸이	장석환
펴낸곳	도서출판 돌계단
출판사등록	2022.07.27(제393-2022-000025호)
주소	안산시 상록구 삼태기2길 4-16
전화	031-416-9301
총판	비전북 031-907-3927
이메일	dolgaedan@naver.com

ISBN　　　　979-11-986875-1-7